Georges Bataille
Die Aufgaben des Geistes

Georges Bataille

DIE AUFGABEN DES GEISTES

Gespräche und Interviews 1948-1961

Herausgegeben, übersetzt
und mit einem Vorwort
von Rita Bischof

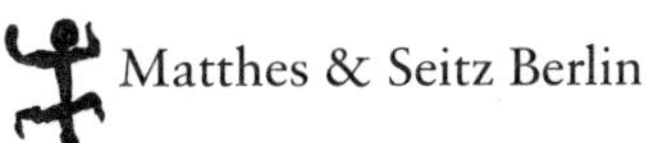
Matthes & Seitz Berlin

INHALTSVERZEICHNIS

Rita Bischof: Vorwort 7

Fünf Minuten mit Georges Bataille 43
Die Literaturkritiker 46
Wer sind Sie, Georges Bataille? 49
Die Kunst in ihrer Beziehung zur Angst 75
Die innere Erfahrung 82
Lascaux oder die Geburt der Kunst 85
Gespräch mit Marguerite Duras 90
Die Literatur und das Böse 101
Friedrich Nietzsche 108
Gespräch mit Madeleine Chapsal 114

Anhang
Die Angst in der heutigen Zeit
und die Aufgaben des Geistes
Die Angst und das moralische Leben 141
Die intellektuellen und moralischen Folgen der Arbeitsbedingungen in der zeitgenössischen Gesellschaft 148
Standpunkte 154
Anmerkungen 159
Nachweise 162

VORWORT

Die in diesem Band veröffentlichten Gespräche und Interviews mit Georges Bataille wurden aus verschiedenen Anlässen geführt, aber nicht das ist entscheidend, sondern dass sie gerade in der unvermeidlichen dialogischen Engführung eine andere, unbekannte Seite von Bataille hervorkehren, als ob es ihrer noch bedurft hätte, um sein Portrait zum Abschluss zu bringen. Das erste Gespräch erschien im Juli 1948, kurz nachdem eine Jury aus Journalisten die zwei Jahre zuvor von ihm gegründete Zeitschrift *Critique* als beste Zeitschrift des Jahres ausgezeichnet hatte, und zwar im *Figaro littéraire*, in der von Dominique Arban geleiteten Rubrik *Cinq Minutes avec ...*; das letzte, wenn man von dem bereits bekannten mit Madeleine Chapsal aus dem Jahre 1961 absieht, ist ein etwa siebenminütiger Beitrag zu einem langen, von Georges Charbonnier moderierten Gespräch über Friedrich Nietzsche mit einem knappen Dutzend Teilnehmern, darunter André Masson, Marthe Robert und Jean Wahl, das im Januar 1959 im französischen Rundfunk ausgestrahlt wurde. Es scheint, als habe die

Auszeichnung von *Critique* etwas ins Rollen gebracht; Bataille fand sich auf einmal ins Licht der Medienöffentlichkeit katapultiert, und man spürt selbst in den späteren Interviews bisweilen noch, wie es ihn erstaunt, sich dort wiederzufinden. Ihm bleibt in der Regel nicht viel Zeit, aber was er sagt, ist brisant, auch wenn es auf den ersten Blick vielleicht nicht so scheint. Doch so knapp seine Antworten notgedrungen sind, es gelingt ihm fast immer, zu dem ihm Wesentlichen vorzudringen, mit der ihm eigenen Intensität und Unbeirrbarkeit, aber ganz ohne Rhetorik, ohne große Gesten und nie apodiktisch, sondern fragend und spielerisch, provokant, versuchsweise. Schon das erste Interview, das in gedruckter Form erschien, ist bemerkenswert, denn es lassen sich an ihm gewisse stilistische Eigenheiten festmachen, die Batailles öffentliche Auftritte insgesamt charakterisieren. Thema des Gesprächs ist die Zeitschrift *Critique*, die sich als eine *Revue générale des publications françaises et étrangères* versteht und ihre Aufgabe vornehmlich darin sieht, Texte zu veröffentlichen, die verschiedene kritische intellektuelle Positionen des zeitgenössischen Denkens wiedergeben. Einen breiten Raum nehmen in ihr Rezensionen ein, was sie in die Nähe der *Zeitschrift für Sozialforschung* rückt, mit der Bataille während ihres Pariser Exils, schon durch Vermittlung von Walter Benjamin und Pierre Klossowski, in Berührung gekommen war. Allerdings war *Critique* nie an eine Institution oder auch nur an eine homogene Gruppe gebunden, und das mag einer der Gründe dafür sein, dass die Zeitschrift heute noch erscheint. Die Affinität ist genauer noch durch den Kritikbegriff bedingt, der von beiden Zeitschriften emphatisiert wird, was sich nicht zuletzt darin manifestiert, dass sich Bataille in diesem Gespräch ganz ausdrücklich gegen jede »Departementalisierung« des Geistes ausspricht. Zwar schlägt er zu ihrer Überwindung einen ganz und gar eigenen Weg ein, dennoch teilt er mit Adorno und Horkheimer die Einsicht in die Notwendigkeit, die Abgrenzungen des Geistes – »das, was eine Jahrtausende alte Menschheit an Ordnung angehäuft hat«[1] – aufzuheben, um verborgene Beziehungen aufzudecken und Einsichten zu gewinnen, die versprechen, die drängenden Probleme der Zeit zu lösen, bevor sie desaströse Formen annehmen. Dass Bataille zum Schluss voller Sorge noch kurz auf das politische Problem der Zeit, das atomare Wettrüsten und den Beginn des Kalten Krieges, eingeht, ist daher kein Zufall. Mehr aber hätte man in fünf Minuten schlechterdings nicht sagen können.

Auch in anderen Gesprächen stellt sich, schon aufgrund des fragmentarischen Charakters von Batailles Äußerungen, ein Gefühl des Bedauerns ein; man hätte gerne mehr gehört, aber es bleibt, der Kürze der Gesprächszeit entsprechend, bei Andeutungen, wenn auch bei solchen, die ins Zentrum seines Denkens führen. Was er sagt, ist dem mit seinen Schriften Vertrauten nicht neu, im Gegenteil, einige der wesentlichen Gedankenfiguren passieren Revue, aber oft nur durch einen Zug charakterisiert und wie im Zeitraffer hart aufeinanderprallend. Sie verdichten sich dennoch zu einer Haltung, einem Gestus, die aufmerken lassen, ohne indessen die Neugierde befriedigen zu können. Wer daher tiefer in dieses Denken eintauchen will, kommt nicht darum herum, mit der Lektüre der Werke zu beginnen. Doch auch wer die einzelnen Gespräche hintereinander liest, wird bemerken, dass sie sich, sofern sie einander thematisch wie zeitlich oft sind, auf überraschende Weise ergänzen, weil sie aus ein und demselben intellektuellen Kern hervorgehen und sich über ihn miteinander austauschen können.

So hat Bataille in seinem ersten Rundfunkgespräch über den gegenwärtigen Standort der Literaturkritik vom Herbst 1948, knapp und präzise dargelegt, was er darunter versteht, nämlich eine im Sinne Lew Schestows genuin philosophische Form, die mit den Rezensionen der Feuilletons nichts gemein hat. Es handelt sich bei diesem Gespräch nicht um ein Interview im eigentlichen Sinn, sondern um eine Diskussion über ein Thema, an dem außer dem Moderator und Bataille noch drei weitere bekannte Persönlichkeiten des französischen Kulturlebens, nämlich André Maurois, Maurice Nadeau und Armand Hoog, teilgenommen haben. Strenggenommen lässt sich nicht einmal von einer Diskussion sprechen, denn die Sendungen waren in der Regel so konzipiert, dass die verschiedenen Teilnehmer ihre Ansichten weniger austauschten, als vielmehr nacheinander vortrugen. Ihre Beiträge blieben sozusagen nebeneinander stehen, weshalb es auch nicht erforderlich ist, das ganze Gespräch wiederzugeben. Wir sind ohnehin nur mit bruchstückhaften Äußerungen konfrontiert, die nach einem Kommentar regelrecht verlangen.

Es kommt nicht oft vor, dass sich Bataille auf Lew Schestow bezieht, dessen Schüler er in den frühen zwanziger Jahren war, von dem er 1925 in Zusammenarbeit mit Teresa Beresowski-Schestow ein Buch, *L'Idee du bien chez Tolstoi et Nietzsche*[2], übersetzt hat, dem er aber erst einige

Jahre nach diesem Interview, in einem nachgelassenen Manuskript, auch ein Denkmal[3] gesetzt hat. Umso bemerkenswerter ist, dass Bataille in diesem Gespräch seinen Kritikbegriff ganz ausdrücklich auf ihn und auf ihn allein zurückführt. In jenem Fragment, das wie eine Ergänzung der Ende der fünfziger Jahre verfassten *Notice autobiografique*[4] erscheint, schreibt er: »Lew Schestow philosophierte von Dostojewski und Nietzsche aus, was mich verführt hat. Ich gewann jedoch schnell den Eindruck, mich von ihm unrettbar durch eine fundamentale Leidenschaft zu unterscheiden, die mich antrieb. Ich schätzte ihn jedoch, ihn empörte meine übertriebene Abneigung gegen philosophische Studien, und ich hörte ihm wissbegierig zu, als er mich mit großem Sachverstand in die Lektüre Platons einführte. Ihm verdanke ich den Grund meiner philosophischen Kenntnisse, die, ohne den Charakter dessen zu haben, was man gemeinhin darunter versteht, darum auf Dauer jedoch nicht weniger zählten. [...] Ich habe immer eine Hochachtung für ihn bewahrt. Was er mir über Platon gesagt hat, war genau das, was ich zu hören verlangte, und ich wüsste nicht, wer es mir hätte sagen sollen, wenn ich ihm nicht begegnet wäre. Seitdem bin ich aus Faulheit und manchmal aus Übertreibung oft von dem rechten Weg, auf den er mich geführt hat, abgewichen, aber es ergreift mich heute noch, wenn ich mich auf das besinne, was er mich gelehrt hat: dass die Leidenschaft des menschlichen Denkens nichts ist, wenn sie nicht die Vollendung des Denkens ist.«[5]

Die Gespräche lassen indessen noch mehr aufscheinen. Sie zeigen etwas, das in den Texten eingewoben, strukturell gebunden ist: einen wachen, geistesgegenwärtigen Intellektuellen, der, in eine offene Gesprächssituation hineingeworfen, äußerst sensibel reagiert und noch die leisesten Nuancen im Verhalten seines Gegenübers wahrnimmt, der sich aber davon nie irritieren lässt. Er weiß, worauf er das Gespräch lenken will, aber er begnügt sich nicht mit fertigen Formeln, sondern formuliert stets ad hoc, aus der Situation heraus, und zeigt sich dabei um die größtmögliche Dichte und Genauigkeit des Ausdrucks bemüht. Er legt darauf umso mehr Gewicht, als er noch im Sprechen den Akzent stets auf das Unaussprechbare legt, das seine Worte umkreisen, auf das sie verweisen und in das sie sich schließlich auflösen. Darin erweist er sich als ein getreuer Anhänger der Sprachästhetik Mallarmés.[6] Schon Pierre Klossowski hatte diese Eigenheit Batailles bemerkt; in seinem Text *De »Contre-Attaque« à l'»Acéphale«* schreibt er: »Im Gespräch drückte er sich nie anders als auf diskrete, fragende Weise aus, selbst wenn er mit einer Geste seine eigene Sicht deutlich machte ...«[7]

Das prägt sich, da die Mehrzahl der Gespräche im französischen Rundfunk, eines im französischen Fernsehen ausgestrahlt wurde, auch in den Modulationen von Batailles Stimme aus. Wer sie zum ersten Mal hört, ist überrascht, fast schockiert, wie gegenwärtig in ihr seine Subjektivität mit ihrem ganzen Elan, ihrer Energie, aber auch mit ihren Idiosynkrasien und Brüchen ist, was einige Akzente hinzufügt, einige anders setzt. Der Hörer wird zunächst musikalisch von den Schwingungen einer lebhaften, aber uneitlen und überraschend zarten Stimme berührt, die meist klar, manchmal auch etwas belegt klingt, und der man die Leidenschaft nicht weniger anhört als das Leiden, das vereinsamt. Sie prägen auch seine Sprechweise, die engagiert, aber nie fanatisch, expressiv, aber nie pathetisch ist; und noch weniger belehrend oder rechthaberisch. Man könnte sagen, dass Bataille das Kunststück fertigbringt zu provozieren, ohne je aggressiv zu werden. Er ironisiert und erschüttert die gewohnten Überzeugungen, aber auf eine Weise, die nicht so sehr das Gegenüber intendiert, als vielmehr das, was er aufdecken will. Selten sucht er nach Worten und wenn, fängt er sich schnell, aber er sagt selbst, er schreibe, weil er, was er schreibt, nur mit Mühe sagen könnte.[8] Manchmal ist es jedoch, als ob er im Sprechen die Worte prüfte, sie auf ihre Eignung, ihre Dichte hin testete. Diese Stimme schmeckt geradezu vor, was sie sagt, und wenn sie das richtige Wort auf der Zunge hat, beeinflusst es den ganzen Diskurs. Was besticht, ist, dass Bataille niemals – auch nicht, wenn man ihn festlegen will, was bei ihm stets auf Widerstand stößt, ja nicht einmal in der größten Heiterkeit – wirklich laut wird. Er spricht pointiert, eindringlich, seiner Sache sicher, aber nicht selbstsicher, mit unauffälliger Eleganz und manchmal aus einer gewissen amüsierten Distanz heraus, was sich in den Details niederschlägt, aber immer leise, mit kurzem Atem,[9] und das zwingt dazu, aufmerksamer hinzuhören. Es sind oft »paradoxe Worte«, die er spricht, und sie lassen sich nicht *ex cathedra* verkünden, aber sie berühren und schlagen in Bann. So leise seine Stimme auch ist, sie vermag, was sie sagt, zu Gehör zu bringen, von wo aus es – und sei es auch nur als Zweifel – lange im Kopf nachhallt.

Die Gespräche korrigieren daher das veröffentlichte Bild, wie es aus den Interpretationen seiner Texte zwingend hervorzugehen schien, und facettieren es neu. Bataille wirkt lebendiger, erscheint verletzbarer und daher menschlicher, vor allem aber weniger furchterregend als in seinen Thesen, die, gerade weil sie eine Herausforderung an den herrschenden Diskurs darstellen, immer wieder auch zu Missverständnissen führen. Dass solche Missverständnisse nicht selten reine Abwehrreaktionen sind, kann man den Gesprächen ebenfalls entnehmen, und mindestens zwei unter ihnen sind mehr oder weniger deutlich davon geprägt. Am stärksten zweifellos eine von Jean Amrouche geleitete, ziemlich hitzige Diskussion über die Beziehungen, welche die Kunst zur Angst unterhält. Diese Diskussion, an der außerdem Jean Lescure, Georges Poulet und Claude Roy teilnahmen, wurde im September 1953 in der Sendereihe *Ideen und Menschen* von Radio France Culture ausgestrahlt. Die Frage lautete: »Ist die Kunst ein geeignetes Mittel, die Angst auszudrücken und dadurch zu überwinden, oder ist sie dazu gänzlich ungeeignet?« Bataille, dem Amrouche als erster das Wort erteilte, begann abrupt mit einem Beispiel. Er brachte die *Kriegstrompete* ins Spiel und hat damit bei seinen Gesprächspartnern einen regelrechten Stupor ausgelöst. Sie fühlten sich durch das Beispiel provoziert und noch mehr vielleicht durch die Weise, in der Bataille es ihnen präsentierte. Der allgemeine Eindruck war, er wolle sich über sie mokieren, und so wundert es auch nicht, dass er wenig später vom Moderator aufgefordert wurde, den nötigen Ernst zu wahren.

Fast könnte der Eindruck entstehen, sein Auftritt hätte etwas von einem Happening, einige Jahre bevor das Phänomen aufkam; die Art, wie er die Kriegstrompete einsetzt, die er nicht bläst, sondern die ihm als Mittel einer Dekonstruktion dient, scheint Fluxus pur, wenn auch auf dem Gebiet des wissenschaftlichen Diskurses. Das liegt keineswegs nur an ihm, sondern mindestens ebenso sehr an den Reaktionen, die sein Diskurs bei den übrigen Anwesenden auslöste, und sie haben ihren Part vorzüglich gespielt. Bataille kommentiert: »Ich hätte Stillschweigen bewahrt, wenn ich nicht schon in den Perspektiven meiner Worte die Korrekturen vorweggenommen hätte, die Jean Amrouche und Claude Roy soeben vorgebracht haben.« Er, der ein untrügliches Gespür für das Dramatische einer Situation besitzt, genießt es ganz offensichtlich, den Tumult ausbrechen zu sehen, den er durch seine Rede hatte auslösen wollen.

Da jedes Happening aus zwei Prozessen besteht – einer irgendwie absurd anmutenden Vorstellung, die vor den Kopf stößt, und dem, was dadurch in den Köpfen in Gang gesetzt wird –, ging es auch hier nicht um einen bloßen Affront. Das Beispiel hatte die Anwesenden zwar verstört, es hatte ein gewisses Unbehagen ausgelöst, aber wer Gelegenheit hat, sich die ganze Sendung anzuhören, wird sich schnell davon überzeugen, dass Bataille eine geistige Unruhe entfacht hat. Das heißt, er hat eine Diskussion ausgelöst, die sich von der Kriegstrompete weit zu entfernen schien und sich dennoch an ihr wie an einem roten Faden orientiert hat.

Claude Roy antwortete als erster auf die Provokation und bezweifelte, dass es sich bei militärischer Musik überhaupt um Kunst handele; in seinen Augen wäre sie nur dann der Kunst zuzählen, wenn sie denen, die sie aufs Schlachtfeld führt, einen Trauermarsch spielte, statt einer Musik, die sie anfeuert. Andere wollten jedoch der Trompete das Sublime nicht ganz absprechen. Von der Jazztrompete in ihrer Beziehung zur Angst wie zur Überwindung der Angst war die Rede, was Erinnerungen an die Tage der Befreiung von Paris heraufbeschwor, bis schließlich einer auf die Posaunen des Jüngsten Gerichts zu sprechen kam, die er eng mit dem Weckruf, dem Erwachen assoziiert hat.

Was den Kunstbegriff anbetrifft und die Frage, welche Bedeutung in seiner Bestimmung der Angst zukommt, so oszilliert er zunächst zwischen dem Ideal und der unleugbaren Beziehung zur Hölle, die es konterkariert, sodass sich das Gespräch ganz von allein wieder auf seine Anfänge zubewegte. Der letzte Gesprächspunkt war auf die Tragödie konzentriert, die Bataille in seinem Argument an die Antipoden zur Kriegstrompete gestellt hatte. Claude Roy erwähnte die Tragödien Racines, deren Erhabenheit aus ihrer majestätischen Trauer fließe. Poulet pflichtete ihm bei, er erinnerte an *Phädra*, an ihre letzten Worte, und zog daraus den Schluss, dass es schwerlich einen unglücklicheren Autor gegeben haben dürfte. Bataille hatte der Diskussion seit geraumer Weile nur noch zugehört; erst jetzt richtet Amrouche wieder das Wort an ihn, und er ergreift es, um dem Gruppenkonsens zu widersprechen und eine Position zu skizzieren, deren Ursprünge zweifellos auf seine, bereits im Rahmen von *Acéphale* entworfene Tragödientheorie zurückgehen. Wie weit er sich darin von den ausgetauschten Ansichten entfernt, verdeutlicht der abschließende Dialog, den er mit Jean Amrouche über Tragödie und Ordnung führt.[10]

Doch schon der Auftritt Batailles in der von André Gillois geleiteten Sendereihe *Qui êtes vous?* aus dem Jahr 1951 war von Missverständnissen geprägt. Es waren noch fünf weitere Gäste geladen: Emmanuel Berl, Maurice Clavel, Jean Guiot, Dr. Martin und Jean-Pierre Morphée, allerdings war Bataille diesmal selbst das Thema. Auch dieses Gespräch sticht hervor, schon weil es das längste ist, dann aber, weil es das persönlichste ist und vieles berührt, was er selbst in einer kurzen *Autobiografischen Skizze* von 1958 für wert hielt, festgehalten zu werden. Dass es dennoch nicht das intimste ist, liegt an dem Abstand, der ihn intellektuell wie gefühlsmäßig von den anderen trennt, sodass er, obwohl er eigentlich im Zentrum steht, gar nicht anders kann, als ihnen und ihrer Überzahl gegenüber eine marginale Position einzunehmen. Es ist wie in dem Bild, das er 1944 in der *Diskussion über die Sünde* verwendete, als er dem *suave mari magno* des Lukrez und seinem Lachen über den Schiffbrüchigen, ein anderes Lachen entgegensetzte: das des Schiffbrüchigen selbst über die, die seinem Untergang lachend, vom vermeintlich sicheren Ufer aus, zusehen.[11]

Dem Gespräch war ein von Cathérine Gris verfasstes und gesprochenes Kurzportrait[12] vorangestellt, das wir ebenfalls abdrucken, schon weil es eines der wenigen ist, die es von Bataille gibt, auch wenn dem Eingeweihten einiges daran seltsam vertraut anmuten wird. Wer sich Batailles einige Jahre später geführtes Fernsehinterview ansieht, das einzige, das es gibt, wird manchen Zug, den sie hervorhebt, wiedererkennen, wie die »willentlich erstarrten Züge«, die sparsame Gestik und Mimik, die stets kontrolliert sind. Überhaupt ist Bataille durch einen gewissen körpersprachlichen Minimalismus[13] charakterisiert, als fürchtete er, sich bereits durch die leiseste Selbstperformance unwiderruflich an eine anonyme Öffentlichkeit auszuliefern. Den »eisigen Glanz des Quecksilbers« wird man jedoch vergeblich in seinen Augen suchen, und jene mythisch anmutende Bestie mit Raubtiergebiss scheint eher einem Portrait von Pierre Klossowski nachempfunden. Der Zuschauer sieht sich im Gegenteil mit einem unauffälligen, korrekt in Anzug und Krawatte gekleideten Mann konfrontiert, der sich eher zurücknimmt als exponiert, aber mit Bedacht Thesen vertritt, von denen er weiß, dass sie die allgemeine Meinung in Aufruhr versetzen. Hier spricht einer aus dem Bewusstsein heraus, dass Überzeugen unfruchtbar ist, und der daher auch nicht allzu viel Nachdruck darauf legt. Dass er dennoch seine Worte sorgfältig wählt, wenn er von Erfahrungen spricht, die an die Grundfesten des überlieferten Denkens rühren, beschwichtigt die Hörer nicht, sondern scheint eben das, was sie am meisten beunruhigt hat.

Das zeigt auch das Gespräch, das im Anschluss an das Kurzportrait eröffnet wurde. André Gillois stellte Bataille zunächst eine Reihe von Fragen, die am Modell des »Proustschen Fragebogens« orientiert waren, bevor dann auch die anderen Gäste an dem Gespräch teilnahmen.[14] Kaum aber hatten sie ins Gespräch eingegriffen, entwickelte sich etwas ganz Ähnliches wie in der Diskussion über die Kriegstrompete. Die Gesprächsteilnehmer bissen sich sehr schnell an einem Begriff, einer Idee fest, die sie verwirrte, nicht zuletzt deshalb, weil sie ihre eigenen Ansichten infrage stellte. Sie bemühten sich trotzdem, Bataille zu verstehen, und je länger sie es versuchten, desto grotesker wurde das Gespräch. Eine Art Hörspiel entwickelte sich, in dem sechs Personen einen Autor zu fassen suchen und dabei immer wieder an ihre eigenen Grenzen stoßen. Man möchte sagen, »un dialogue des sourds« oder eine Tragikomödie, die man, um

einige markante Szenen ergänzt, tel quel auf die Bühne bringen könnte.
Es wäre ein heiteres Spiel, auch wenn die Idee, an der sich das Missverständnis entzündet hat, nicht irgendeine, sondern für Batailles Philosophie von zentraler Bedeutung ist. Infrage steht mit ihr der »Zweck« und der »Zweck des Zweckes«, und Batailles Antwort ist eindeutig: er fordert seine Abschaffung, wie es schon Nietzsche gelehrt hatte. So wichtig ist ihm dieser Gedanke, dass er selbst in seiner *Autobiografischen Skizze*, die kaum mehr als Stichworte enthält, darauf zu sprechen kommt, und was er dort darüber sagt, kann durchaus als ein Kommentar zu dem infrage stehenden Gespräch verstanden werden. »Batailles Ehrgeiz«, heißt es darin, »gilt einer souveränen Existenz, die von allen begrenzten Belangen befreit wäre. Es geht ihm darum zu sein, und zwar auf eine souveräne Weise zu sein, um dadurch das Ins-Werk-Setzen der Mittel zu überschreiten. Es kommt darauf an, das Ziel jenseits aller Mittel zu erreichen, und sei es auch um den Preis einer Unordnung, die jeden Respekt vermissen lässt. So ist beispielsweise die Philosophie für Bataille nur eine Akrobatik – im schlechtesten Sinn des Wortes. Es geht nicht darum, einen Zweck zu erreichen, sondern nicht in

die Falle zu tappen, die jeder Zweck im Grunde bedeutet.«[15]

So sehr sich die anderen auch bemühten, diese Idee in den düstersten Farben zu zeichnen, in keinem anderen Gespräch kann man Bataille so viel lachen hören, und in keinem hat er schneller, präziser pariert: er wirkt wie ein Fechter, der gegen sechs Herausforderer antritt, nicht nacheinander, sondern gleichzeitig, und der diese Situation genießt. Aber man täusche sich nicht: Batailles unverwechselbares Lachen ist auch in anderen Gesprächssituationen präsent, und vielleicht sogar in seiner reineren Form, als ein Lachen, das aus dem tiefsten Grund seines Innern aufsteigt und sich typischerweise nur sehr indirekt, in einem vielleicht »quecksilbrigen« Aufblitzen seiner tiefliegenden, daher oft verschatteten Augen oder in einem kaum merklichen Verziehen der Mundwinkel äußert. Dieses hellwache, innerlich brodelnde Lachen, das etwas von einem mentalen Sprengstoff besitzt, prägt sich aber vor allem in der intentionalen Struktur seiner Sätze aus, und Bataille selbst hat seinen starken Bezug auf die Ironie immer wieder hervorgehoben.

So auch in den Genfer Gesprächen, zu denen man auch das bereits erwähnte Gespräch über die Kriegstrompete zählen könnte. Es wurde am 17. September 1953 am Rande der *VIIIe Rencontres Internationales de Genève* aufgezeichnet, die vom 2. bis zum 12. September stattgefunden hatten. Das Thema dieses, von der UNESCO mitgetragenen Symposions war *Die Angst heute und die Aufgaben des Geistes*, und darin bildete sich deutlich die aktuelle politische Sorge ab, die damals einem, sich bereits am Horizont abzeichnenden Dritten Weltkrieg galt. Sein Ausbruch schien immer wahrscheinlicher zu werden, nachdem die Amerikaner am 1. November 1952 die erste Wasserstoffbombe gezündet und die Sowjets am 12. August 1953, drei Wochen vor dem Genfer Treffen, mit ihnen gleichgezogen hatten. Das Symposion selbst war so organisiert, dass es insgesamt nur sechs, von ausgewählten Wissenschaftlern und Philosophen[16] gehaltene Vorträge gab, die sich aus unterschiedlichen Perspektiven mit den Phänomenen der Angst auseinandersetzten. Parallel dazu fand eine Reihe von Gesprächen, sogenannten privaten und öffentlichen, statt, an denen außer den Vortragenden eine Reihe weiterer illustrer Repräsentanten des europäischen Geisteslebens beteiligt waren, die sich, dem Totalitarismus gerade entronnen, aus Angst vor einer neuen und diesmal globalen

Katastrophe sehr zahlreich in Genf eingefunden hatten.
Bataille nahm erst ab dem 8. September an dem Symposion teil, er hatte also nur die beiden letzten Vorträge gehört, aber er intervenierte sofort bei der ersten Gelegenheit. Ingesamt gibt es drei Beiträge von ihm: Zum ersten Mal sprach er am 9. September im Rahmen der Diskussion über den Vortrag *Die Angst und das moralische Leben*, den Guido Calogero am Vortag gehalten hatte; einen Tag später meldete er sich während des von Georges Friedmann geleiteten *Vierten öffentlichen Gesprächs* mit dem Thema *Die intellektuellen und moralischen Folgen der Arbeitsbedingungen in der zeitgenössischen Gesellschaft* zu Wort. Bataille nahm auch am *Fünften öffentlichen Gespräch* am 12. September unter der Leitung von Antony Babel teil, der gleichzeitig der Präsident des Symposions war. Bei dieser letzten Veranstaltung wurden vor allem *Standpunkte* ausgetauscht, und Bataille hat als einer der letzten gesprochen.
Seine Interventionen im Rahmen der *VIIIe Rencontres Internationales de Genève* bilden einen Abschnitt für sich. Sie kommunizieren untereinander, schon aufgrund ihrer zeitlichen Nähe, und gewinnen dadurch eine größere philoso-

phische Dichte. Außerdem stehen sie in engster Beziehung zu dem Rundfunkgespräch mit Jean Amrouche, das viel von seiner Willkürlichkeit verliert, wenn man seinen Beitrag dort mit denen während des Symposions als einen sich fortzeugenden Gedanken begreift. Man versteht dann, wie es ihm hatte einfallen können, eine Diskussion über Kunst und Angst mit dem Verweis auf die Kriegstrompete zu eröffnen. Schon deshalb wurden sie als Anhang in diesen Band aufgenommen. Die verschiedenen Genfer Beiträge zeigen jedoch noch mehr. Sie begründen eine eigene Position, die zwar auch, wie die der Mehrheit, in der Sorge um die Zukunft der Menschheit begründet ist, die aber randständig bleibt und in wesentlichen Momenten von den konsensfähigen Positionen abweicht. Es sind oft schon deren Prämissen, die Bataille nicht teilt.

Dennoch befindet er sich am rechten Ort, und man kann sich des Eindrucks nicht erwehren, als sei Bataille vor allem deshalb nach Genf gereist, um dort die Fragen zu stellen, die sonst niemand gestellt hätte. Fragen, die hartnäckig auf etwas verweisen, was in den vorgetragenen Thesen nicht zur Sprache gekommen ist, vielleicht weil es – ausgesprochen – ihre Evidenz erschüttert hätte. Er sagt es selbst: »In all unseren Gesprächen erschien die Angst als ein Übel, von dem wir alle erlöst werden möchten. Auch ich halte die Angst meistens für ein Übel, von dem ich gerne genesen würde. Trotzdem möchte ich in dem Augenblick, in dem wir uns trennen müssen, für kurze Zeit eine andere Stimme zu Gehör bringen.«[17] Nachdem in den vergangenen Tagen der Gott der Vernunft das Wort geführt habe, um den Beweis zu erbringen, dass die Angst *nichts* sei, soll nun für einen Moment durch ihn die Stimme der Angst, genauer: die Stimme des Gottes der Angst vernehmbar werden. Es ist dies die Stimme eines Gottes, der, wie er ausführt, weder Vernunft noch Zorn ist und der daher auch nicht für das Heil, sondern für seine Abwesenheit bürgt. Bataille spricht als einer, der sich der Angst nicht nur als Feind gegenüber sieht, sondern der sie erlitten, der sich ihr rückhaltlos hingegeben und bisweilen sogar in ihr geschwelgt hat. »Ich muss mich dafür entschuldigen«, fährt er fort, »aber ich hielt das für wesentlich: ich glaube, wir werden, wenn wir der Bewegung, die uns dazu bringt, eine Welt ohne Angst zu wollen, bis zum Schluss folgen, nur dahin gelangen, eine irgendwie erkaltete, der menschlichen Wärme beraubte Welt hervorzubringen. Warum nicht lieber aus uns einen Geist machen, zugeschnitten auf die historische, wahrhaft monströse Wirklichkeit, die wir leben und die ist, wie sie ist, weil die Menschen sie letztlich so gewollt haben.«[18]

Bataille hat die Rolle eines Advokaten dieses Gottes gespielt, und es gerade dadurch verstanden, sich eine erstaunliche Aktualität zu bewahren. Was er sagt, ist, dass ein solches Innewerden der Angst weit befreiender wirkt, als der Kampf der Vernunft gegen sie, der notwendig und immer aussichtslos bleibt, weil die Vernunft keine Antwort auf die Angst ist und weil die Antworten, die sie schließlich findet, stets neue Ängste hervorbringen. Während die meisten nach Mitteln und Strategien suchten, die Angst abzuschaffen, oder Modelle eines angstfreien Zusammenlebens entwarfen, blieb Bataille skeptisch, auch was die Resultate anbetrifft, und das gibt seiner Einschätzung der Lage, von heute aus gesehen, etwas Unverbrauchtes, denn sie sagt uns immer noch etwas. Damals stand Bataille mit seiner klaren und entschiedenen Haltung allein, einem Auditorium gegenüber, das durch jene »Unfähigkeit zur Angst« gekennzeichnet war, von der Günter Anders angesichts derselben Bedrohung gesprochen hatte. Sie, die »Analphabeten der Angst« (G. Anders), haben bis zu einem gewissen Grad die Politik der zweiten Hälfte des 20. Jahrhunderts geprägt; das war durchaus nicht immer schlecht, und doch sind heute viele ihrer Lösungen selbst zu einem Problem geworden. Längst ist auch der Geist der Revolte wieder zum Leben erwacht, wie es Bataille im Gespräch mit Georges Friedmann vorausgesehen hat, und natürlich konnte die Angst nicht überwunden werden, sondern ist so gegenwärtig wie eh und je. Fast will es scheinen, als ob Batailles Thesen von Krise zu Krise einsichtiger würden. Auf einmal erkennt man, was ihm wichtig war, und dass es sich bei dem, was er fokussiert hat, auch heute noch um etwas Wichtiges handelt.

Mit den in diesem Band veröffentlichten Gesprächen und Interviews wurde eine Lücke geschlossen, da bislang nur die Gespräche mit Marguerite Duras und mit Madeleine Chapsal bekannt waren: Das erste ist im Dezember 1957 unter dem Titel *Bataille, Feydeau et Dieu* im *France Observateur* erschienen; das zweite wurde im Frühjahr 1961, ein gutes Jahr vor seinem Tod, geführt – zweifellos zwei der gewichtigsten unter den zehn Interviews, die Bataille in vierzehn Jahren gegeben hat. Beide Gespräche sind in gedruckter Form erschienen und unterscheiden sich von den meisten hier publizierten schon durch ihre Länge, aber auch durch ihre Dichte und die entspannte Gesprächsatmosphäre, die vielleicht mit dem fehlenden Zeitdruck zusammenhängt. Davon abgesehen haben sie wenig miteinander gemein. Im Gespräch mit Madeleine Chapsal,[19] das aufgrund seines schlechten Gesundheitszustands mit Unterbrechungen stattfand, scheint Bataille von dem Willen beseelt, noch einmal die Quintessenz seines Denkens darzustellen, und wenigstens dieses eine Mal muss er sich sorgfältig vorbereitet haben, als hätte er gewusst, dass ihm nicht mehr viel Zeit bliebe. Vieles von dem, was in den anderen Gesprächen nur angerissen wurde, wird noch einmal thematisiert, bisweilen mit leichten Akzentverschiebungen, und auf ein solideres Fundament gestellt.

Dagegen scheint er im Gespräch mit Marguerite Duras eher einer Strategie des Ausweichens und der partiellen Verweigerung zu folgen, wie man sie auch in anderen Gesprächen beobachten kann. Er agiert spontaner, elastischer, und nicht ohne Amüsement wird der Leser bemerken, wie Duras, die einen enthusiastischen Text über seinen Roman *Das Blau des Himmels* verfasst hat, gleich zu Beginn des Gesprächs das Stichwort ›Erotik‹ einführt, Bataille jedoch mit keinem Wort darauf eingeht. Auch später, als sie es noch einmal versucht und von der geplanten erotischen Zeitschrift *Genèse*[20] spricht, geht er höflich darüber hinweg, da er offenbar nicht die mindeste Lust verspürt, darüber zu reden. Seltsamerweise aber wurde auch der Teil des Gesprächs mit Madeleine Chapsal, der mit der Erotik befasst war, einer technischen Panne wegen, nicht aufgezeichnet,[21] und darin manifestiert sich eine seltsame Koinzidenz, wenn man an die Schreibhemmungen denkt, die damals den Abschluss des seit Langem geplanten Buches *Die Tränen des Eros* hinauszögerten. Er selbst hat die Absurdität bemerkt, die darin liegt, dass er mit fortschreitender Krankheit nicht mehr in der Lage war, über das Erotische zu sprechen.

Stattdessen spricht er mit Marguérite Duras über seinen Souveränitätsbegriff, den er im geplanten dritten Band von *Der verfemte Teil* darstellen will, ein Projekt, das nie abgeschlossen werden wird, und übernimmt damit bis zu einem gewissen Grade selbst die Gesprächsleitung. Bataille überrascht seine Interviewerin mit einer These über *Nietzsche und der Kommunismus*, die, aus der Perspektive einer Souveränität aller Menschen gesehen, eine gewisse Nähe zwischen ihnen konzediert, nur um dann zu bekennen, dass er »nicht einmal Kommunist« sei. Bataille ist es schon deshalb nicht, weil das von ihm verlangte, seine Gegenwart einem zu erreichenden Zweck zu unterwerfen, und das verbietet ihm seine tiefste Überzeugung, *seine* Religion, wenn man so will. Aber er amüsiert sich: auf die Frage, ob es wirklich keine äußere Erscheinung der Souveränität gebe, antwortet er »Warum nicht? Die der Kuh auf einer Weide scheint mir ganz gut zu passen.«[22] Man fühlt sich durch diesen Satz unwillkürlich an den Skandal erinnert, den Theodore Rousseau, einer der ersten Freilichtmaler und der Begründer der »Schule von Barbizon« dadurch ausgelöst hat, dass er den Abstieg der Kühe von den Hochebenen des Jura darstellte, und zwar als eine Natur, die, um vollkommen zu sein, des Menschen nicht bedarf. Der Salon von 1836 hatte das Bild daher abgelehnt.

Von der Souveränität aller Menschen kommt Bataille auf die Souveränität Gottes und auf die Komik zu sprechen, die jedes ernsthafte Nachdenken über Gott notwendig einschließe, und offensichtlich ist, dass er mit seiner Antwort auf Nietzsches Wahnsinnsbriefe, insbesondere dessen letzten Brief an Jacob Burckhardt, anspielt. Hier zeigt sich, wie nahe Bataille den künstlerischen Avantgarden steht, und so wundert es auch nicht, dass er verschiedentlich seine innige Beziehung insbesondere zum Dadaismus bekennt. Von Duras nach dem größten Hindernis für das Streben nach Souveränität befragt, gibt er eine ebenso verblüffende wie schwerwiegende Antwort, und in ihr ist seine *neue* Moral in nuce enthalten. Bataille spricht von dem Ressentiment oder der »schlechten Stimmung«: Zwar lasse sich nicht verhindern, dass die Menschen ihr von Zeit zu Zeit erliegen, aber nie dürfe man sie theoretisch werden lassen. »Ein Individuum, das von seiner schlechten Stimmung übermannt wird, ist ein Irrer«, sagt er. »Eigentlich könnte man sagen, dass ein Irrer das vollkommene Abbild des Souveräns ist. Aber ein Mensch, der verstünde, dass die Souveränität eines Souveräns der Wahnsinn ist, würde alle Gründe gewahren, sich nicht wie ein Irrer aufzuführen. [...] Wenn der Mensch sich nicht wie ein Irrer aufführen darf, muss er dem Wahnsinn seinen Teil einräumen. Ich spreche von dem Teil, den ihm nach alter Tradition das Theater und die Literatur einräumen. Aber die Stimmung, ich sage es noch einmal, darf niemals theoretisch werden. Darf sich zum Beispiel niemals gegen die Gleichheit zwischen den Menschen richten.«

So gewichtig diese beiden Interviews sind, sie lassen keinen anderen Bataille erkennen als den, der auch aus den Hördokumenten hervortritt. Letztere bieten zwar nur Splitter und Momentaufnahmen aus seinem an Aktivitäten und Werken reichen intellektuellen Leben, aber sie vermögen doch einen Einblick zu geben, und hin und wieder warten sie sogar mit einer Überraschung auf, wie etwa dem Bekenntnis, es handele sich bei den drei Bänden der *Summa Atheologica* um einen Komplex, der vervollständigt werden müsste, schon damit deutlich würde, was das Unterscheidende seiner Philosophie zu anderen zeitgenössischen Philosophien sei. Sein Ideal, sagt er 1954 im Gespräch mit Pierre Barbier, sei es, mit einem ziemlich umfassenden Werk herauszukommen, das »die Totalität des Sinnlichen und des Intelligiblen« enthielte, an die er in seinem Denken und in seinem Leben hatte rühren können, und das doch einen fragmentarischen Charakter bewahrte. Was er in diesem kurzen Interview nicht sagt, was aber in der Neuauflage der *Inneren Erfahrung* angekündigt wurde, ist, dass zwei weitere Bände bereits in Vorbereitung sind, nämlich: *Le Pur bonheur ou le grand jeu* und *Le Système inachevé du non-savoir*. Beide Themen sind für seine späte Philosophie von ausschlaggebender

Bedeutung, obwohl es zu ihrer abschließenden Ausarbeitung nicht mehr kam. Erst 1961 ist die Neuauflage von *Le Coupable* erscheinen, und was die beiden anderen geplanten Bände anbetrifft, so gibt es davon nur Fragmente.

Noch mehr überraschen dürfte die These, dass Nietzsche streng genommen gar kein Philosoph gewesen sei, nicht nur weil ihm die Philosophie die Anerkennung verweigerte, sondern auch weil er sie letztlich gar nicht angestrebt habe und weil es ihm, bei allem, was er tat, in erster Linie auf das Spiel angekommen sei. Anstatt ein ordentlicher Philosoph zu werden, habe Nietzsche es vorgezogen, sein Leben an eine unordentliche Schreibweise zu verschwenden, die nur der Leidenschaft des Spiels gehorchte. Damit hat Bataille noch einmal einen neuen Akzent gesetzt. Was er in diesem Gespräch am Beispiel von Nietzsches Kriegsbegriff demonstriert, ist nur die verkürzte Fassung einer These, die er in äußerster Verdichtung in einem kurzen Text mit dem Titel *Zarathoustra et l'enchantement du jeu* dargelegt hat, der wenige Wochen nach diesem Gespräch erschienen ist. Darin spricht er von dem Missverständnis, dem die deutschen Soldaten scharenweise erlegen sind, als sie mit dem *Zarathustra* in der Tasche in den Ersten Weltkrieg gezogen waren. Dieses Missverständnis sei aber keineswegs auf den Kriegsbegriff beschränkt, der mit ganzer Evidenz jeweils ein anderer sei, vielmehr erliege ihm jeder, der in diesem Buch eine Lehre sieht, sei es auch die des »Übermenschen« oder die der »ewigen Wiederkunft«. Bataille schreibt: »*Zarathustra* hat so wenig mit einer theoretisch begründeten Lehre gemein wie der Tanz mit einem Marsch. Es gibt eine wundersame Distanz zwischen diesem Buch und dem, wofür es gewöhnlich gehalten wird, es ist dieselbe Distanz, die das Tanzen vom Marschieren trennt. Weit davon entfernt, für uns die Erkenntnis der Dinge zu regeln, bliebe uns der *Zarathustra* verschlossen, wenn man ihn nicht im Zauber des Lachens begreifen würde, oder, da man im Lachen nicht sein kann, im Sprung, der das Lachen des Tanzes ist.«[23] Gestützt wird seine These durch ein Zitat aus »Vor Sonnen-Aufgang«: »Oh Himmel über mir, du Reiner! Hoher! Das ist mir nun deine Reinheit, dass es keine ewige Vernunft-Spinne und – Spinnennetze giebt: – dass du mir ein Tanzboden bist für göttliche Zufälle, dass du mir ein Göttertisch bist für göttliche Würfel und Würfelspieler!«[24]

Batailles These hat schon deshalb großes Gewicht, weil sie sein letztes öffentliches Wort zu

Nietzsche ist, den er 1923 für sich entdeckt und der ihn seitdem nicht mehr losgelassen hatte. Sie irritiert, und das umso mehr, als er sich selbst durchaus als Philosoph versteht, was er in den Gesprächen verschiedentlich auch zum Ausdruck gebracht hat. Mehrfach hat er versucht, seine Philosophie zu verorten. In Genf bemerkt er, dass man ihn in eine Reihe mit den Existentialisten stelle, und kommentiert: »Ich bin gar nicht sicher, dass ich Existentialist bin.«[25] Ein Jahr später, im Gespräch über *Die innere Erfahrung* und die gerade erst im Entstehen begriffene *Atheologie* kommt er darauf zurück, um seine Affinität zu Kierkegaard und Nietzsche zu betonen, die am Ursprung allen Denkens der Existenz stehen. Gleichzeitig aber insistiert er auf dem Abstand, der ihn von Denkern wie Heidegger oder Sartre und überhaupt von jeder Art einer professoralen Philosophie trennt, weil sein Denken von anderen Prämissen und Erfahrungen ausgeht als die akademische Disziplin. Was sie unterscheide, sei, dass er eher an die Sinnlichkeit als an den Verstand appelliere, schon weil es für das, was er sagen wolle, keine bewährten und fertigen Formen gebe, und weil diese Formen den Gehalt seines Denkens verändern würden, wenn er versuchte, sich ihrer zu bedienen. Eben deshalb seien für ihn der Ausdruck und die Leidenschaft des Ausdrucks von weitaus größerer Bedeutung, und darin liege zugleich der Grund dafür, dass sich seine Philosophie immer auch der Kunst nähere. Ihre Komplizität ist allein dadurch bedingt, dass sie beide gleichermaßen auf den Begriff der Unordnung bezogen sind, wie Bataille schon 1951 in dem langen Rundfunkinterview *Qui êtes-vous?* betont hatte. Zehn Jahre später, im Gespräch mit Madeleine Chapsal, kommt er noch einmal darauf zurück, wenn er sagt: »Manchmal vermag man die Reichtümer wieder zu entdecken, welche die Unordnung birgt. Das ist nicht leicht, aber inzwischen bin ich im Umgang mit diesen kleinen Problemen sehr bewandert: die Unordnung, die anfängliche, grundlegende Unordnung, in etwas verkehren, das die Merkmale der Kunst trägt, scheint mir ein gutes Prinzip.«

Trotz dieser Nähe zur Kunst insistiert er darauf, dass das, was er in seinen, in rasanter Aktivität in jenen Jahren verfassten Entwürfen und Schriften grundgelegt hat, eine vollständige Philosophie sei, wenn auch eine, die den gelehrten Diskurs durch ihr hartnäckiges Hinterfragen immer wieder in Verlegenheit bringt. Gegen Ende seines Lebens, im Gespräch über Nietzsche, hat er diesen Anspruch mit dem Argument relativiert, es sei ihm nicht gelungen, seine als *Atheologie* etikettierte Philosophie zu einem wie immer vorläufigen Abschluss zu bringen. Was er über Nietzsche sagt, gilt daher auch für ihn: es handelt sich um einen letzten Blick in den Spiegel, der beides, den Spiegel und das eigene Bild, noch einmal spürbar modifiziert.

Dennoch ist, was Bataille hinterlassen hat, eine Philosophie, die gerade als fragmentarische den hohen Ansprüchen und Forderungen genügt. Es ist genauer noch eine paradoxe oder Anti-Philosophie, deren Unterscheidendes darin liegt, dass in ihr nicht die Ordnung, sondern die Unordnung, nicht das Wissen, sondern das Nicht-Wissen von zentraler Bedeutung sind, und gerade das erlaubt seinem Denken, sich ganz nahe bei der menschlichen Existenz aufzuhalten, ja sogar, ihr auf den Leib zu rücken. Es handelt sich um eine Philosophie, die nicht zuletzt Schestows Begriff von ihr entspricht, der das philosophische Denken, wie er in »Tolstoi und Nietzsche« darlegt, als »eine schöpferische Tätigkeit« begreift, die »durch den Drang, das Leben verstehen zu wollen«,[26] hervorgerufen wird. Ganz ähnlich hat sich Bataille im Gespräch mit Marguérite Duras ausgedrückt, als er bekannte, kein Mensch zu sein, »der in der Hoffnung lebt«, und in einer weiteren Volte gegen jedes kommunistische Engagement hatte er hinzugefügt: »Man befriedigt seine Wünsche nicht nur mit Hoffnung.« Auf die Frage: »Womit sonst?«, antwortete er: »*Mit Verstehen.* Ich war nie wirklich ins politische Leben verwickelt. Was aber immer für mich gezählt hat, ist zu verstehen.«

FÜNF MINUTEN MIT GEORGES BATAILLE

Wie sind Sie auf die Idee gekommen, eine Zeitschrift zu gründen?
Der Ursprung von *Critique* dürfte darin liegen, dass ich zehn Jahre lang in der Zeitschriftenabteilung der Bibliothèque Nationale gearbeitet und sie schließlich geleitet habe. Ich fragte mich, was Periodika bedeuten könnten, und dachte, dass eine Zeitschrift, die das Wesentliche des menschlichen Denkens aus den besten Büchern vorstellt, durchaus von Interesse wäre. Eine der ältesten Zeitschriften, *Le Journal des Savants*, die auf das 18. Jahrhundert zurückgeht, folgte dieser Formel. *Critique* befasst sich mit Büchern, die repräsentativ für das sind, was es auf den Gebieten des literarischen, wissenschaftlichen und politischen Denkens an Neuem gibt.

Sie lehnen Abgrenzungen ab?
Es wäre an der Zeit, dass das menschliche Bewusstsein aufhört, in Sparten zu denken. Keine Form des Geistes ist eine bevorrechtigte Form. *Critique* sucht daher nach den Beziehungen, die zwischen politischer Ökonomie und Literatur,

zwischen Philosophie und Politik bestehen können. Was dies betrifft, so glaube ich, dass der in *Critique* erschienene Artikel *Hegel, Marx und das Christentum* von Alexandre Kojève – ich halte ihn für den größten, gegenwärtig lebenden Philosophen – das beste ist, was je darüber geschrieben wurde. Dieser Text kennzeichnet sehr genau die Absichten der Zeitschrift *Critique*, die der Kreuzungspunkt von Philosophie, Literatur, Religion und politischer Ökonomie sein will.

Die Diskussion der Jury drehte sich genau um diese Formel von Critique. *An Blanchot tadelte man beispielsweise, dass er zwar Philosoph, aber kein Kritiker sei.*

Ohne Blanchot, wie übrigens auch ohne Eric Weil, hätte ich meine Zeitschrift nicht realisieren können. Natürlich, wenn man das Wort *Critique* im engen Sinn nimmt, wenn man nur über das unterrichtet werden möchte, was sich in der literarischen Welt gerade abspielt ... Blanchot begreift die Literatur jedoch nicht als etwas Isoliertes, sondern in ihrer allgemeinen, ihrer absolut allgemeinen Bedeutung.

Und sehen Sie, ich denke, dass die Menschen gegenwärtig immer stärker ein Bedürfnis danach verspüren, die Ereignisse auf bewusste Weise zu erleben. Ich bin davon überzeugt, dass es die Aufgabe Europas ist, bewusst zu machen, was zwischen Amerika und Russland auf dem Spiel steht. Es geht uns nicht darum, Konflikte zuzuspitzen, unter gar keinen Umständen. Aber wenn die Menschheit dahin gelangen will, das Versprechen, das sie in sich trägt, einzulösen, wird ihr das nur gelingen, wenn sie sich der Konflikte, die sie zu zerreißen drohen, voll und ganz bewusst ist.

DIE LITERATURKRITIKER

Wo steht die Literaturkritik? Was taugen die neuen und multiplen Formen, die sie glaubte, in die aus der Libération hervorgegangene Presse aufnehmen zu müssen? Was taugen die neuen Methoden der Einschätzung, insbesondere die neuen optischen Effekte, die von unseren Kritikern eingesetzt werden?

Die Kritik der Liebhaber, auf die soeben Nadeau angespielt hat, wurde von der professionellen Kritik abgelöst. Zunächst von der Kritik der Journalisten, dann von derjenigen der Professoren. So entstand eine Reihe großer Kritiker, die sich wie in den biblischen Genealogien gegenseitig hervorbrachten. Wir haben Sainte-Beuve, Lanson; die einen waren Lehrer, die anderen Journalisten. Sainte-Beuve war Journalist, aber ihm folgten die Professoren, und so wurde jene extrem geschlossene Form des Genres mit seiner ganz speziellen Allüre und seinen oft sehr eng gefassten Problemen geschaffen. Gegenwärtig [...] zeichnet sich ab, dass die Journalisten die Professoren überflügeln. Tatsächlich aber [...] wächst die Kritik den einen wie den anderen über den Kopf. Die Kritik hat heute einen viel weiteren Sinn angenommen, als sie ihn früher hatte. Die Literatur tritt nach allen Richtungen hin über die Ufer, und da, wie André Maurois gerade gesagt hat, die Gesellschaft keine feststehenden Wahrheiten mehr kennt, setzt sich die Literatur an die Stelle der Kirche, die früher ganz und gar geordnete Wahrheiten lehrte; nur macht die Literatur das auf ihre eigene, ungeordnete Weise.

[...]

Eine bedeutende Richtung der Kritik ist uns in ihrer philosophischen Auffassung gegeben. Die Werke von Lew Schestow beispielsweise sind keine Werke der Kritik im eigentlichen Sinn, und doch üben sie, gewissermaßen sogar in doppelter Weise, die Arbeit des Kritikers aus: sie analysieren literarische Texte und versuchen, aus ihnen die ganze Lehre zu schöpfen, die sie enthalten. Die Kritik von Lew Schestow ist vielleicht in Frankreich nicht sehr bekannt, aber sie geht deutlich über die aktuelle französische Kritik hinaus. Da wären an erster Stelle Jean-Paul Sartre und Maurice Blanchot zu nennen. Sartre ist ganz und gar Philosoph, und Maurice Blanchot, obwohl man ihm normalerweise den Titel eines Kritikers gibt, verdient diese Bezeichnung vielleicht nicht. Viele meinen, dass seine Kritik vor allem eine philosophische sei, und sie haben Recht. Bliebe nur noch zu zeigen, dass diese Entwicklung hin zur ehrgeizigsten Kritik, die es je gab, in dem Augenblick notwendig geworden ist, in dem das Ensemble der literarischen Tatsachen dem Ensemble der Angelegenheiten des Lebens über den Kopf zu wachsen begann.

[...]

Die Brutalität ist das Ideal; eine gute Kritik müsste wie eine Guillotine funktionieren, und es müsste aus ihr eher Blut als Tinte fließen. In Wahrheit aber meine ich aus Erfahrung, dass dies nicht im Ermessen der Menschen liegt. Wir können nicht bis ans Ende gehen und diejenigen, die wir nicht lieben, so wenig töten wie diejenigen, die wir lieben, in den Himmel heben. Es bleibt also nur, sich mit einer Art Selbstbescheidung zu begnügen.

WER SIND SIE, GEORGES BATAILLE?

Was wir aus Batailles Gesicht lesen können:[27] *Zwei Züge scheinen mir auf dem Gesicht von Georges Bataille gefährlich, aber ich will versuchen, in der Skizze seines Portraits gutzumachen, was diese Präambel an Verletzendem haben könnte.*

Aus dem Grund ihrer Höhlen blitzen, ohne sichtbare Wimpern, zwei strahlende Augen mit dem eisigen Glanz des Quecksilbers, die den Gesprächspartner zu enthäuten scheinen; und der gefräßige Kiefer scheint bereit, ihn zu zermalmen. Diese intellektualisierte, vergeistigte Lust eines Kannibalen hört nicht auf zu beunruhigen, gibt aber dem Ganzen seiner willentlich erstarrten Züge eine hypnotische Macht, welche diejenigen überrascht, die Georges Bataille betrachten. Weit weniger auffällig ist die leichte Asymmetrie seines vierkantigen Gesichts, die hohe Stirn, wie aus ihm heraus projiziert, seine bläulichen Haare, seine Schaufelnase, sein großer Mund, der das einzig Lebendige scheint in diesem beunruhigten und irgendwie der affektiven Wärme beraubten Gesicht. Die obere Partie offenbart die tiefe, intensive Empfindung, die ihr Besitzer aus einem Wort, einer Idee, einer Vision empfangen muss; die untere verrät die grausame Lust und das schmerzhafte Vergnügen daran. Georges Bataille muss auf seine Zuhörer eine verführerische Macht ausüben.

A. Gillois: *Herr Bataille, entsprechend unserer kleinen Tradition, bitte ich Sie hiermit, auf Testfragen, wie die folgende, zu antworten. Was haben Sie, als Sie klein waren, gerne gemacht?*
G. Bataille: Oh, mein Gott, ich erinnere mich nur daran, sehr faul gewesen zu sein, und ich kann doch nicht sagen, dass ich mich gerne gelangweilt habe, aber letztlich beweist die tiefe Langeweile, in der ich gelebt habe, zur Genüge, dass ich all das gerne tat, was mich zerstreuen konnte, egal was; ich glaube, ich war ein wenig so wie alle anderen Kinder.

Welche Rolle haben Sie in Ihren Kinderspielen übernommen?
Ich denke, dass ich sehr rauflustig war. Ich erinnere mich daran. Seitdem bin ich das überhaupt nicht mehr, aber ich war der Kleinste in meiner Klasse, ich raufte mich die ganze Zeit, und ich wurde sehr oft verprügelt.

Erinnern Sie sich noch, was Sie als Schuljunge werden wollten?
Das wechselte ständig. Aber ich erinnere mich, gerne *Buffalo Bill* gelesen zu haben, und ich wäre gerne ein Sioux oder so etwas gewesen ...

Würden Sie sagen, dass Sie Ihre Jugendträume weitgehend verwirklicht haben?
Jedenfalls bin ich kein Sioux geworden ...

Nein, aber es gab doch noch andere Träume ...
Das hängt davon ab, um welche Jugend es sich handelt. Im Ganzen bin ich nicht unzufrieden mit meinem Los.

Glauben Sie, jetzt besser und lauterer zu sein, als sie sich aus Ihrer Jugend her in Erinnerung haben?
Ja, das glaube ich. Ich war sehr verlegen, und diese Verlegenheit war zum Teil eine moralische. Jetzt scheine ich die Situation besser zu beherrschen.

Sie haben sich daran gewöhnt, mit sich selbst zu leben?
So ist es. Ich habe mich daran gewöhnt infolge des Unbehagens, das ich als Kind verspürte.

Welches Tun oder welche Sache macht sie ganz besonders glücklich?
Diable! ...

Ihr Zögern sagt jedenfalls viel über die Zahl der Dinge, die Sie glücklich machen.
Das erste, was ich dazu sagen könnte, ist, dass ich in etwa so wie alle Welt sein dürfte, und ebenso gewiss ist letztlich doch, dass jedermann weiß, es sind die intensivsten Gefühle, die einen Menschen zum glücklichen Menschen machen ... Ich füge dem noch etwas Persönliches hinzu: was mir in Hinblick auf das Glück oder die Verzückung am interessantesten scheint, ist nicht so sehr das, worauf ich gerade angespielt habe, sondern nähert sich eher dem, woran man denkt, wenn es sich um jemanden wie die Heilige Therese oder den Heiligen Johannes vom Kreuz handelt.

Fällt es Ihnen leicht, deprimierenden Gedanken und Gefühlen, der schlechten Laune und den unvermeidlichen Verstimmungen nicht nachzugeben?
Ich überwinde sie im Allgemeinen sehr schnell, aber erst einmal lassen sie mich zusammenbrechen.

Pflegen Sie jeden Abend Ihren ganzen Tag noch einmal durchzugehen und auf Ihre Gedanken und Handlungen zurückzukommen, um sie zu gewichten?
Aber nein! Es sei denn, ich bin krank. Doch das ist etwas anderes. Normalerweise lege ich mich schlafen, und das ist alles.

Neigen Sie dazu, das Leben unter einem bejahenden oder eher unter einem ablehnenden Blickwinkel zu betrachten?
Unter einem ganz und gar bejahenden. Auch wenn das, was ich schreibe, das Gegenteil zu beweisen scheint.

Welches ist Ihrer Meinung nach das wichtigste Ziel, das wir uns im Leben setzen sollten?
Ich bin nun einmal Philosoph, zumindest bis zu einem gewissen Grad, und meine ganze Philosophie besteht darin zu sagen, das wichtigste Ziel im Leben ist es, sich der Gewohnheit zu entledigen, immer ein Ziel vor Augen zu haben.

Wenn Sie aus gegebenem Anlass Ihren Beruf aufgeben müssten, auf welches Tätigkeitsfeld hin würden Sie sich dann orientieren?
Ich sehe nicht recht, was ich anderes tun könnte

als das, was ich tue. Ich bin von Beruf Bibliothekar, ich schreibe Bücher ... Ich könnte allenfalls von einer Bibliothek in eine andere wechseln ...

Sie leiten auch eine Zeitschrift ...
Ich leite eine Zeitschrift ...

Also würden Sie, wenn Sie kein Schriftsteller wären, gerne andere leiten?
Oh, sicher nicht, sicher nicht, sicher nicht! Ich habe durchaus politische Anwandlungen gekannt, aber diese Anwandlungen sind mir immer sehr schnell als ziemlich lächerlich erschienen.

[Der Moderator ersucht nun die anderen Personen im Studio, ebenfalls Fragen zu stellen oder etwas anzumerken. Emmanuel Berl fragt Bataille, wie er erklären könne, dass er das Leben positiv sieht, während doch seine Schriften das Gegenteil beweisen.]

Meiner Meinung nach rührt alles, was ich gegen die positiven Seiten des Lebens gesagt habe, von dem her, was ich gleich zu Beginn sagte: ich meine, man sollte vermeiden, sich einen Zweck zu setzen, und sich daran halten. Mir scheint, dass man in dem Maße, in dem man sich einen

Zweck setzt, *nolens volens* damit beginnt, das Leben auf eine ganz und gar negative Weise zu betrachten, schon weil dieser Zweck durch den Tod begrenzt wird. Lebt man dagegen im gegenwärtigen Augenblick, wird man die Dinge nur auf die positivste Weise der Welt sehen können, da man sich nicht im Mindesten mehr um die Zukunft kümmert.

Die Beseitigung des Zwecks, das ist doch die Moral der Buddhisten, nicht wahr ...
So ist es.

... die besagt, dass man niemals etwas um seiner Früchte willen tun soll.
Exakt.

[...] Vermutlich dient diese Abschaffung des Ziels in Wirklichkeit dazu, den Platz für Gott frei zu machen, jedenfalls was die Buddhisten angeht. Was oder wem wollen Sie damit Platz machen?

Es wäre mir ein Leichtes, mit den Worten zu spielen und zu sagen, natürlich um Gott zu ersetzen ...

Durch ihn selbst wahrscheinlich ...?
Um Gott Platz zu machen, aber in einem anderen Sinn als dem, den Sie meinen. Ich für meinen Teil sehe keine Notwendigkeit, einen Gott immanent zu benennen, und es hat mir immer geschienen, dass man von dem Augenblick an, da man Gott benannte, eine Transzendenz bezeichnet hat. Denn sobald man Gott definiert, benennt man ihn. Man hält sich an Definitionen, zumindest in allen Theologien, die von ihm gesprochen haben.

Ja, das ist ein sehr abgenutztes Wort, das seinen Sinn natürlich oft verändert hat. Aber ich denke, wir könnten uns vielleicht doch über die Idee verständigen, dass man denjenigen Teil seiner selbst, den man für gültig hält, Gott nennen kann im Unterschied zu dem Teil, der sich nachgerade vertraglich an die Gewohnheit binden möchte.
Ich würde damit riskieren, meine Leute zu täuschen. Wenn ich die Dinge auf diese Weise sähe, wäre es eher meine einfältige, meine lächerliche Seite, die ich Gott nennen würde, was vielleicht doch nicht ganz korrekt ist ...

Ja, aber letztendlich würden Sie auf einfachere Weise doch sagen, dass den Zweck abschaffen,

wie Sie es anstreben, für Gott Platz machen heißt. Oder für nichts?
Gott oder nichts, wie man will. In Wirklichkeit lässt man die Türe offen.

So ist es, aber ist das, was es ist, jenes Nichts, das Sie akzeptieren?
Man kann nicht sagen, dass es von dem Moment an, da man jede Art von Zweck abschafft, dort nichts geben könnte. Nichts, das ist fast schon zuviel gesagt, weil man sich darum gar nicht schert. Es kann dort doch kein Objekt des Denkens geben, das man Nichts nennt, nicht wahr?

Folglich geht es darum, das aufzunehmen, was augenblicklich in Ihnen ist?
Im Ganzen genommen besteht es darin, das aufzuheben, was eine Jahrtausende alte Menschheit an Ordnung angehäuft hat ...

Ja, aber zu wessen Gunsten?
Zugunsten jener Unordnung des Denkens, die mir gefällt und von der ich sogar meine, dass sie einer allgemeinen Frustration entgegenwirken könnte. Aus der Unordnung des Denkens wird beispielsweise die Poesie geboren ... Ich sage nicht, dass es die Poesie ist, auf die ich verweisen

wollte, dennoch liegt darin ein Hinweis. In jeder Art Unordnung des Denkens gibt es etwas zutiefst Poetisches. [...]

Unordnung in Bezug auf welche Ordnung?[...]
Auf jene sehr einfache Ordnung, von der ich sprach, die Ordnung, die man einfach haben muss, etwa wenn man seinen Koffer packen will, um mit dem Zug zu verreisen.

Dann ist die Poesie die Ordnung, die der des Koffers entgegengesetzt ist, aber sie ist auch eine Ordnung ...
Genau.

Haben sie eine besonders poetische Weise, Ihren Koffer zu packen, das heißt die Sachen pêle-mêle im Innern zu verstauen?
Oh nein, ganz und gar nicht. Ich bin sehr ordentlich, wenn ich meine Koffer packe ...

Ich würde gerne von diesem Gesichtspunkt zu einem konkreteren Gebiet übergehen und Sie um einige Auskünfte über Ihre Sorgfalt bitten. Wird diese Abschaffung des Zwecks, die dazu bestimmt ist, in Ihnen ungeordnete und poetische Kräfte zu wecken, im gewöhnlichen Leben nicht

von einer Sorgfalt, einer bis zum Äußersten getriebenen Gewissenhaftigkeit, einem gewissen Zweifel begleitet, die einen Widerspruch aufzeigen könnten, der des Interesses würdig ist?
Das ist gut möglich, zumal ich im Allgemeinen den Eindruck habe, ein ganz normaler Mensch zu sein, weder gewissenhafter noch ordentlicher als ein anderer ...

Trotzdem muss man Ordnung in die Bücher bringen.
Ich mache das sogar gerne; es erfüllt mich mit einer ziemlich bizarren Genugtuung: ich verlange ganz einfach vom Personal, dass die Bücher in den Regalen in gerader Reihe stehen.

Ich würde gerne zu einem ganz anderen Thema übergehen, das jedoch an das anknüpft, das wir gerade gestreift haben. Es bezieht sich auf die Antwort, die Sie auf die Frage nach dem Glück gegeben haben. Das Glück, das größte Glück, scheint für Sie in Beziehung zur größten Intensität der Sinnesempfindungen zu stehen.
So ist es.

Dann hätte ich gerne von Ihnen gehört, was Sie darunter verstehen und woran Sie das denken lässt.

Nun ja, ich kann meinen Gedanken genauer fassen. Die Intensität der sinnlichen Wahrnehmungen ist genau das, was die Ordnung zerstört, und ich glaube nicht, dass dem noch ein anderes Interesse zukommt. Es ist für die Menschen wesentlich, dahin zu gelangen, die Knechtschaft zu zerstören, an die sie gebunden sind, denn sie haben ihre Welt geschaffen, die Menschenwelt, an der ich hänge, die mir das Leben ermöglicht und die doch auch eine Last bedeutet, etwas unendlich Bedrückendes, das sich in allen unseren Ängsten wiederfindet und das in gewisser Weise aufgehoben werden muss.

Ja, aber schließlich haben Sie doch das Wort Sinnesempfindung ausgesprochen, und Sinnesempfindung ist etwas, das man auf biologische Weise auffasst. Es mag sich in letzter Instanz natürlich um eine endopsychische Wahrnehmung handeln, aber am Anfang dieser Kette gibt es doch etwas ursprünglich Biologisches.

Ich habe oft den Eindruck, dass das ohne Bedeutung ist, aber ich denke, da vereinfache ich. Ich vereinfache auf eine Weise, zu der ich vielleicht das Recht habe, aber unter gänzlich anderen Bedingungen. Zweifellos höre ich lieber eine Sonate als einen Kanonenschuss, den man vor meinen

Ohren abfeuert. Die Intensität ist jedoch größer, wenn man mein Ohr einem unerträglichen Lärm aussetzt, der mich zerrüttet. Mir scheint, dass man auf alle Fälle Folgendes sagen kann: die Intensität der Empfindungen zählt nur unter der Bedingung, dass man sie ertragen kann.

Darf ich Ihnen ganz einfach die Frage stellen, warum schreiben Sie?
Im Grunde, weil ich das am Besten kann, und auch weil ich, was ich schreibe, nur mit Mühe sagen könnte. Ich könnte schlichtweg sagen, weil Schreiben das ist, was am meisten der Abwesenheit des Zwecks ähnelt. Zwar habe ich, wenn ich schreibe, wenn ich Sätze aneinanderreihe, ein Ziel, nicht wahr, ich habe immer eine Vorstellung. Dennoch schreibe ich nur, um den Zweck abzuschaffen. Im Grunde handelt es sich immer um ein Plädoyer, ein moralisches Plädoyer, den Zweck aufzuheben.

Ist es das, was Kant im Kunstwerk als »Zweckmäßigkeit ohne Zweck« bestimmt?
Ich meine in der Tat ...

... das freie Spiel der Fähigkeiten ohne anderen Zweck als sie selbst ...

Das ist es. Es ist der kantische Aspekt. Sie haben ganz Recht, das hervorzuheben.

Da Sie uns sagten, dass Ihnen am meisten die intensivsten Sinnesempfindungen gefielen, ist es vielleicht notwendig, zwischen diesen intensiven Empfindungen eine Wahl zu treffen, wie Sie ja auch zwischen Sonate und Kanonendonner gewählt haben. Sie sollten das vielleicht mit dem verbinden, was Sie über die Heilige Therese und den Heiligen Johannes vom Kreuz gesagt haben. Liefe das nicht auf die Entdeckung hinaus, dass es weder die besonders sinnliche, noch die besonders intensive Seite ist, die Ihnen an den intensiven Wahrnehmungen am meisten gefällt?

Was den Heiligen Johannes vom Kreuz, die Heilige Therese anbetrifft, die ich als Beispiele zitiert habe, obwohl es um Erfahrungen geht, die von denen, die ich machen konnte, meilenweit entfernt sind, so würde ich Folgendes sagen: für sie ist die Intensität eher ein Mittel auf dem Weg, der zu einer Art Verzückung führt, und zwar genau in dem Maße, in dem die Intensität das ist, was zerstört. Was die Dinge jedoch erschwert, ist, dass es, wie ich vorhin sagte, immer eine erträgliche Intensität sein muss. Hinzu kommt, dass in diesem Augenblick nicht nur das Spiel der Empfindungen, sondern auch die Arbeit des Geistes von beträchtlichem Gewicht ist ...

Also gibt es doch etwas Spirituelles ...
Spirituell im Sinne von Totalität.

Suchen Sie, anders gefragt, nicht eine Art von konkret gelebtem Absoluten, wenn man das sagen kann?
Richtig.

Ist das kein Zweck?
Natürlich ist das einer. Wenn Sie eines Tages vielleicht einige meiner Schriften lesen, werden Sie sehen, dass ein Großteil meiner Überlegungen der Kritik gewidmet ist, die Sie gerade vorbringen. Wenn ich mich in den Geisteszustand von jemanden versetze, der, wie der Heilige Johannes vom Kreuz, die Verzückung sucht, muss ich mir auf der Stelle eingestehen: hey, so geht das nicht, ich bin dabei, mir einen Zweck zu setzen, was mache ich da? Aber ich bin ganz entschieden der schlimmste aller Einfaltspinsel.

Versuchte der Heilige Johannes vom Kreuz nicht dem Heiligen Johannes vom Kreuz zu ähneln?

Gewiss, aber er folgte einem Weg, den andere Heilige bereits erschlossen hatten.

Nein, er versuchte seinen eigenen Weg zu finden.
Also da pflichten Sie mir ganz und gar bei, denn ich meine, dass es in solchen Fällen immer Überschreitung gibt. Man kann sich Ziele setzen, man kann sich sogar vornehmen, über diese Ziele hinauszugehen, Fakt aber ist, dass man, wenn man sich vornimmt, sie zu überschreiten, immer diesseits bleibt. Natürlich behält man die Fähigkeit zu springen. Durch diese Peripetien, diese Hindernisse und einfältigen Spiele hindurch kann man sich einen beträchtlichen Elan bewahren.

Ist es dieser Elan, den Sie suchen, wenn Sie von der Intensität der Empfindungen sprechen?
Aber ja doch, den suche ich.

Würden Sie für sich selbst den Ausdruck »konstitutioneller Mystiker« akzeptieren, als den Emmanuel Berl Sie vorhin bezeichnet hat?
Nun, ich habe da meine Vorbehalte ... Ich fühle mich sogar verpflichtet zu sagen, dass meine Philosophie das genaue Gegenteil einer Mystik ist. Ich glaube, Sie tun Recht daran, mich zu ärgern.

Ihr Leben wäre also eine Art Eliminierung, eine Askese der Eliminierung, die dazu führte, dass alles, was ein Zweck, alles, was die Welt sein könnte, von Ihnen abfällt, um zu einer Annäherung zu gelangen, um eine Art von, sagen wir, Gegenwart und nicht mehr von Abwesenheit, kurz, von reiner Präsenz zu gestatten, sich zu manifestieren ...
Reine Präsenz, Abwesenheit, das ist dasselbe. Denn wenn Sie Gegenwart sagen, schließen sie einen Gegenstand ein. Wenn Sie den Gegenstand beseitigen, ist die Abwesenheit des Gegenstands Gegenwart, und diese Gegenwart wird dann als eine Abwesenheit bezeichnet.

Aber trotzdem etwas Positives, Konkretes, das weder von dieser Welt ist, noch zu den Zwecken dieser Welt gehört, etwas, das Sie wären ... das von Ihnen wäre ...
Das heißt doch zu viel sagen, nicht wahr? Ich verlange nach einer Sache nur in dem Maße, in dem ich mir weiter Zwecke setze, das heißt mich selbst beseitigen. Es ist natürlich, dass ...

Da haben wir ja etwas ganz Neues!
... Es ist natürlich, dass dies bei einer hinreichend ernsten Kritik der Fall ist, weil ich trotz allem nie zum Revolver gegriffen oder Gift genommen

habe, früher nicht und jetzt auch nicht. Ich halte es für amüsanter – vielleicht ist es auch nur feige – zu versuchen, sich selbst mittels einer Gymnastik des Geistes oder mit starken Empfindungen aufzuheben. Ich halte es auch für menschlich interessanter, denn der Mensch ist genau so. Im Grunde ist der Mensch eine Geschichte, die schlecht ankommt, die alle Arten von Nachteilen mit sich bringt. Der Mensch kommt daher nicht darum herum, sich eines Tages einzugestehen, dass in ihr die Niederlage einen beträchtlichen Raum einnimmt, der getilgt werden müsste. Doch wenn man sich selbst abschafft, schafft man alles ab. Das ist dumm. Daher besteht für die Menschen meiner Meinung nach immer die Notwendigkeit, sich aufzuheben und gerade dadurch zu erhalten.

Ich finde, dass man genauso oft auf Gott zurückkommt. Denn diese Teile, die den Menschen abschaffen, und das, was vom Menschen bleibt, sobald er abgeschafft ist – ich sehe nicht recht, wie man das anders als mit diesem Wort bezeichnen könnte, trotz der vielen Missverständnisse, die es hervorgerufen hat.

Sie haben Recht, aber Sie verdrießen mich auch, weil die Theologen, das heißt, die Leute, die sozusagen die Existenz Gottes in die Welt getragen haben, mir, wenn Sie so wollen, sehr fremd sind. Sie scheinen mir zu ernst.

Sie stünden dem Protagonisten aus den Dämonen *näher?*
Aber ja, ja ...

Kirilow und dem Selbstmord von Kirilow?
Ich stehe Kirilow recht nahe.

Ich würde Sie gerne fragen, in welchem Alter Sie zum ersten Mal das Gefühl hatten, dass man sich in der Tat aufheben müsste. In welchem Moment wurde der Bruch vollzogen zwischen einer Kindheit, die sich wie alle anderen zwischen Raufereien und Langeweile abspielte, und dem Bewusstsein, dass der Mensch sich zwar kein Ziel setzen, aber dennoch gründlich über sich nachdenken sollte, um zu jenem Bild zu kommen, das Sie von ihm entwerfen?
Nun ja, ich erinnere mich recht genau, es müsste so um 1919/20 herum gewesen sein, als die Dinge die infrage stehende Gestalt angenommen haben.

Wie alt waren Sie da?
Ich muss 22 oder 23 Jahre alt gewesen sein.

Erst mit 22 oder 23 Jahren kam Ihnen die Idee, in sich, sagen wir, die Gewohnheiten, man könnte auch sagen, das Leben zu zerstören?
Nein, das ist nicht ganz richtig. Es gewann von dem Augenblick an eine ernsthafte Gestalt, da ich meinen Glauben verloren hatte. Ich habe mit der Idee des Glaubens, die durch einen katholischen Glauben ohnehin begrenzt war, vollständig gebrochen. Ich erinnere mich aber daran, dass ich im Innern des katholischen Glaubens zu der Vorstellung gelangt bin, das Paradies sei die Selbstaufhebung.

Sie befanden sich auf dem Weg zur Heiligkeit und haben ihn aufgegeben, als sie etwa 22 Jahre alt waren?
Ich glaube nicht, dass ich damals, als ich dem katholischen Glauben anhing, auch nur im Mindesten auf dem Weg zur Heiligkeit war. Ich befand mich vielleicht nicht weniger auf dem Weg zur Sünde. Es gab da ein Ineinander, wenn Sie wollen, aber gewiss kein Vorherrschen der Heiligkeit.

[...]

Mich befriedigt diese Diskussion über jenen mysteriösen Zweck, der in Ihnen ist und dessen

man sich entledigen muss, überhaupt nicht.
Mich auch nicht.

Ich möchte Sie fragen, ob Sie, als Sie klein waren, ganz klein sogar, und als Sie begannen, die Langeweile zu bekämpfen, ob Sie da nicht bereits in Gegenwart eines Zweckes lebten, den man an Sie herangetragen hat. Oder den man Ihnen aufzwingen wollte, und Sie haben bereits versucht, ihn abzuschütteln, indem Sie sich in diese Tölpeleien flüchteten, wenn ich Ihren Ausdruck aufgreifen darf. In diese kindliche Kritzelei, die scheinbar einzig dazu bestimmt ist, die Langeweile zu bekämpfen, gegen die Langeweile anzukämpfen, die vielleicht aber schon mit jener Negation des Zwecks zusammenhängt.
Und trotzdem ist bereits die Langeweile ein Fehlen des Zwecks.

Nicht alle kleinen Kinder langweilen sich in solchem Grade. Man könnte eine Verbindung herstellen zwischen dem Problem dieses Zwecks und dem Problem, die Langeweile zu bekämpfen, und Ihnen die Frage stellen, ob Ihre Erzieher nicht einen besonderen Druck auf Sie ausübten, der Sie schon in jener Zeit dazu brachte, die ers-

ten Schlachten gegen die Langeweile auszufechten, um in sich jeden Zweck zu zerstören.
Was Sie sagen, interessiert mich sehr, und für mich liegt darin eine Möglichkeit des Nachdenkens, die ich bislang nicht gesehen habe. Aber in erster Linie bin ich davon überrascht, weil nämlich meine Erziehung keine der Zwänge war. Im Gegenteil, man hat eher auf Erziehung verzichtet. Meine Eltern kümmerten sich kaum um mich, und in dieser Langeweile litt ich darunter, allein zu sein. Ich erinnere mich sehr gut an all die Stunden, die ich im Halbschatten verbrachte; sie gehören ganz gewiss zu den schrecklichsten.

Sie hatten keine Geschwister, nicht wahr?
Ich hatte einen sieben Jahre älteren Bruder. Mein Vater war blind. Meine Mutter wurde dadurch nicht fröhlicher. Es war ein sehr trauriges Haus.

Haben Sie Ihren Vater nur blind gekannt?
Ja.

Erinnern Sie sich an die ersten Eindrücke? Was haben Sie empfunden, als Sie als kleines Kind die Entdeckung machten, dass Ihr Vater nicht sehen konnte?

Ich glaube, das war so ernst, so schwerwiegend für mich, dass ich mich an die ersten Eindrücke nicht mehr erinnern kann. Sie sind so vielseitig, so tief in mir verankert und haben einen so wesentlichen Wert angenommen, dass ich mich nicht mehr erinnern kann, wann das begonnen hat.

Haben Sie zwischen der Blindheit Ihres Vaters und Ihrem Werk Geschichte des Auges, *das erste, das ich von Ihnen kennenlernte, eine Beziehung hergestellt, wie sie sich mir jetzt, da ich es weiß, aufdrängt, denn ich wusste das nicht?*
Nun ... es ist ein anonymes Werk.

Ja schon, aber ich meine daran erinnert zu haben, dass ich dieses Buch durch Sie kennenlernte.
So ist es. Aber ich denke nicht, dass dies ...

Eine Koinzidenz wäre irreführend ... Soll man das in Beziehung setzen ... Vielleicht handelt es sich um eine sprachliche Verbindung mit den Stunden, die Sie, wie Sie sagten, im Halbschatten verbracht haben ... Sie haben diesen Ausdruck schon zweimal gebraucht ...
Ja, in der Tat, es war so, dass mein Vater im Halbschatten blieb, es hätte ja auch keinen Sinn

gehabt, für ihn Licht zu machen, und wenn außer mir niemand da war, zündete keiner die Lampe an. Ich verfiel dann jedes Mal, daran erinnere ich mich, in einem Zustand tiefster Niedergeschlagenheit und tiefsten Ekels.

Könnte man sagen, dass Sie schon bald darauf verzichtet haben, die Langeweile zu vertreiben?
Ich sah kein anderes Mittel, die Langeweile zu vertreiben, als zu spielen.

Ja, aber gab es denn in Ihrer späteren Entwicklung nicht eine Art der Zustimmung zu sich, eine Anerkennung für diese Art Langeweile, diese Art eines über Ihnen hängenden Nichts? Für diese Art Segel des Nichtseins?
Was Sie da sagen, hat einen sehr klaren Sinn für mich.

Das ist vollkommen evident. Ich finde die Bemerkung von Clavel äußerst subtil. Natürlich ist der Zustand, in dem sich Ihr Vater befand, für uns sehr wichtig, schon weil Sie – ich stelle hier nur eine Hypothese auf – als kleines Kind den Eindruck gehabt haben dürften, dass Ihr Vater nicht in der Lage war, sich ein bestimmtes Lebensziel zu stecken. Denn ein Blinder ist jemand, der von der äußeren Welt abgeschnitten ist, der gezwungen ist, am Stock zu gehen, und es ist gut möglich, dass Sie unbewusst das Gefühl der Vergeblichkeit, der Sinnlosigkeit in sich verspürt haben, die Anstrengungen auf ein bestimmtes Ziel zu lenken, da der Vater dazu nicht in der Lage war.

Was Sie eben sagten, ist vielleicht umso wahrer, als es mich wirklich frappiert hat. Sie sprechen von meinem Vater als von einem, der am Stock ging. Aber mein Vater ging nicht am Stock aus dem einfachen Grunde, weil er auch Paralytiker war. Und das macht alles noch viel schlimmer. Er hatte übrigens viele Projekte und glaubte immer an seine Heilung.

Das hat Sie vielleicht dazu gebracht, mit dem Zweck auch die Hoffnung aufzugeben. Das hat Sie dazu gebracht, das hat Sie geneigt gemacht ...

Warum, um ebenso blind und paralytisch wie mein Vater zu werden?

Nein, weil Sie durch ihn die unendliche Sterilität der Hoffnung erfahren haben ...

[...]

Vielleicht um etwas Irreduzibles wiederzufinden, etwas, auf das weder die Unbeweglichkeit noch die Nacht Zugriff hätten.

DIE KUNST IN IHRER BEZIEHUNG ZUR ANGST

Ist die Kunst ein geeignetes Mittel, die Angst auszudrücken und dadurch zu überwinden, oder ist sie dazu gänzlich ungeeignet?

G.B.: Ich möchte mit einem recht passenden Beispiel beginnen, dessen Schlagkraft außer Frage steht. Offen gesagt handelt es sich nicht gerade um ein klassisches Beispiel, wenn von Kunst die Rede ist. Denn die Kriegstrompete, über die ich sprechen möchte, wird gewöhnlich für ziemlich vulgär gehalten. Doch was will das besagen? Vielleicht dass sie eine Kunstform ist, die gerade den einfachsten Menschen am leichtesten zugänglich ist, und diejenige, die ihnen am vollkommensten mitgespielt hat. Außerdem steht sie in engster Beziehung zu der Frage, die uns heute bewegt, denn die Menschen auf dem Schlachtfeld, an die sie sich richtet, sind Todgeweihte, und folglich geht man davon aus, dass sie voller Angst sind. Es ist nicht sicher, dass sie es sind, aber mir scheint, dass, wenn sie es nicht sind, ihre Art, die Angst zu überwinden, in den Akzenten der Kriegstrompete ihre genaue

Entsprechung findet, das heißt, in dieser beginnenden Trunkenheit, die dazu bestimmt ist, die Angst in ihr Gegenteil zu verkehren. Wenn nur noch der gegenwärtige Augenblick zählt und die Sorge um die Zukunft aufgehoben ist, fällt es leichter, sich in die Absurdität des Kampfes zu stürzen.

Jean Amrouche: Georges Bataille hat uns da gerade einige Äußerungen ins Gesicht geschleudert, die eine wirkliche Provokation darstellen.

[Jean Amrouche übergibt nun das Wort an Claude Roy, der zunächst seine Fassungslosigkeit eingesteht, um dann dagegen zu protestieren, dass man die Kriegstrompete und überhaupt die militärische Musik für Kunst halten könnte.]

G.B.: Ich lege Wert darauf zu sagen, dass ich geschwiegen hätte, wenn ich nicht schon in den Perspektiven meiner Worte die Korrekturen vorweggenommen hätte, die Jean Amrouche und Claude Roy gerade vorgebracht haben. Niemandem dürfte, was Jean Amrouche und Claude Roy soeben sagten, grausamer erschienen sein als mir.

Und das heißt?

G.B.: Das heißt, dass ich im Grunde nur gesprochen habe, weil ich hoffte, die Verwirrung zu provozieren, die Sie gerade erfasst hat. Die Wahrheiten, auf die wir alle warten.

Aber diese Wahrheiten erwarten wir zuerst von Ihnen, da Sie uns ja provoziert haben. Sie haben uns provoziert, weil Sie etwas im Schilde führen. Erklären Sie uns, was?

G.B.: Was ich über dieses Thema denke, ist im Wesentlichen, dass die Menschen ein regelrechtes Bedürfnis nach außergewöhnlicher Angst besitzen, aber es ist eine Begierde mit schmerzhaften Folgen, und wenn diese Folgen auf dem Schlachtfeld zustoßen, sind sie sehr, sehr schmerzhaft. Es ist also kaum verwunderlich, dass die Kunst unter wesentlich günstigeren Entwicklungsbedingungen steht. Die Menschheit versucht im Allgemeinen, sich die Angst, nach der sie so begierig ist, auf billigere Weise als auf dem Schlachtfeld zu beschaffen. Dank dieser Tatsache konnte die Kunst eine innere Entwicklung durchlaufen. Während jedoch die Angst auf dem Schlachtfeld, die durch die Kriegstrompete ausgedrückt und freigesetzt wird, vom einfachsten menschlichen Gemüt verstanden wird, gilt das für jene Formen der Angst, aus denen die große Poesie oder die Tragödie hervorgegangen sind, nicht. Das ergibt sich mit ganzer Evidenz.

Jean Amrouche: Bataille, Sie sagten, dass die Menschheit danach giert, sich in die Angst zu stürzen, gewissermaßen ihre eigene Angst zu schaffen, und dann, dass die Kunst sowohl ein Mittel, die Angst hervorzurufen, als auch ein Mittel, die Angst auszutreiben, sei. Ist es das?

G.B.: Zu suchen, zu suchen! Denn wenn ein tragischer Dichter einen tragischen Stoff bearbeitet, bringt er keine Angst hervor, er sucht sie, er befreit sie in einem ziemlich schmerzhaften Prozess.

Jean Amrouche: Er macht sie ungefährlich.

[...][28]

Georges Poulet: Als ich Bataille zuhörte, fragte ich mich, ob eine mögliche Definition von Kunst nicht jene wäre, die sie als den Bereich bestimmt, in dem man der Angst nicht ausweichen kann.

Jean Amrouche: [...] Dann dächte Georges Bataille eher wie Georges Poulet.

G.B.: Nicht ganz. Mir scheint, dass den literarischen oder poetischen Schöpfungen immer eine Existenz zugrundeliegt, die zu Beginn große Risiken, fundamentale Risiken eingegangen ist. In der Fortsetzung bietet der Schöpfungsprozess jedoch selbst Lösungsmomente an, und sogar, was mehr ist, Momente tiefsten Glücks. Ich lege Wert darauf, eher von tiefem Glück als von Lösung zu sprechen, weil auf dieses tiefe Glück ebenso gut sein Gegenteil folgen kann.

[...][29]

Jean Amrouche: Dadurch knüpfen wir vielleicht an das wieder an, was Bataille zu Beginn über die Kriegstrompete gesagt hat. [...] Es läge darin eine Art Flucht, die aber keine Flucht vor den fundamentalen Bedingungen, vor der wesentlichen Realität wäre, sondern eher eine Rückkehr, eine Offenbarung dieser Realität und eine beginnende Kommunikation mit dieser fundamentalen Realität des Seins. Das wäre dann vielleicht eine Quelle des Glücks und die Rückkehr zur Ordnung.

G.B.: Ich weiß nicht, ob man von Ordnung sprechen kann, aber mir scheint tatsächlich, dass die große Bewegung der Tragödie, die notwendig immer rhythmisiert ist, zu einer Art von Blendung führt, in der alles verschwimmt, in der die Angst, die es dort als einzige geben dürfte, umgewandelt wird. Wenn Phädra sagt, dass sie dem Tag zurückgibt, was die Gegenwart beschmutzt hat: ihre ganze Reinheit, will mir scheinen, dass es nie einen heller erstrahlenden Tag gegeben hat, und ich kann nicht einen Moment lang glauben, dass Racine das ganze Glück, das in Phädras letzten Worten enthalten ist, nicht gesehen hat.

Jean Amrouche: Aber das ist es ja, was ich in prosaischeren Worten als Rückkehr zur Ordnung bezeichnet habe. Es ging um die Ordnung mit einem großen O. Ich meinte nicht die Gesellschaftsordnung, sondern die Ordnung der aufs vollkommenste geregelten Beziehungen zwischen den höchsten Mächten, den Göttern, und Phädra selbst. Weil sich Phädra im Licht wiederhergestellt sieht, weil durch ihre eigene Zermalmung, durch ihr eigenes Unglück die Überschreitung aufgehört hat. Von dieser Ordnung sprach ich, Georges Bataille.

G.B.: Es scheint mir trotzdem schwierig, als Ordnung zu bezeichnen, was immer nur ein Augenblick sein kann, was nie die geringste Stabilität erreichen kann, sondern wie ein Blitz einschlägt und eben so blendend wie flüchtig ist. Zwar profitiert die Ordnung von diesem Moment der Blendung, aber ich denke nicht, dass man deswegen sagen kann, es sei die Funktion dieses Moments der Blendung, Ordnung zu schaffen.

[...]

DIE INNERE ERFAHRUNG

G.B.: Mein Werk ist auf eine, fast hätte ich gesagt, privilegierte Weise mit der Strömung verbunden, die man, vielleicht nicht zu Unrecht, als existentialistische bezeichnet hat. Diese Richtung geht bis auf Kierkegaard zurück und verläuft dann, trotz allem, was manche darüber denken mögen, über Nietzsche, der auf Heidegger den größten Einfluss ausgeübt hat. Allerdings sind der heutige Existenzialismus und die dem französischen Existenzialismus benachbarten Philosophien professorale Philosophien. Sie sind das Werk von Berufsphilosophen, von Philosophen, die sich durch verschiedene Examina qualifiziert haben und oft auch nur von Amts wegen Philosophen sind ... Bei mir ist das nicht der Fall, und es ist mir wichtig festzuhalten, dass ich mich sehr direkt auf jene Philosophien beziehe, aus denen der Existenzialismus hervorging, denen es aber noch nicht darum ging, die Universitätsphilosophie zu vertreten.

Pierre Barbier: Es gibt in der Tat nichts, was weniger professoral wäre als die Philosophie von Georges Bataille. Deshalb drückt er sich auch auf eine literarische Weise aus, die durchaus ihre Schönheit hat, und vielleicht ist Georges Bataille ja ebenso sehr ein Dichter wie ein Philosoph. [...] Ich hätte gerne, dass uns Georges Bataille etwas über die Form seiner Werke, seine Ausdrucksweise erzählt, die bisweilen an diejenige Kierkegaards oder die einiger Mystiker erinnert.

G.B.: Selbstverständlich ist der Ausdruck für das, was ich zu sagen habe, von größerer Bedeutung als der Inhalt. Im Allgemeinen ist die Philosophie eine Frage des Inhalts; ich dagegen appelliere mehr an die Sinnlichkeit als an den Verstand, und da zählt der Ausdruck schon aufgrund seines sinnlichen Charakters wesentlich stärker. Meine Philosophie könnte übrigens in keiner Weise durch eine unsinnliche Form ausgedrückt werden. Es bliebe dann von ihr nichts übrig. Sie existiert erst von dem Augenblick an, da ich ihr eine Form gebe, die für leidenschaftlich oder auch für schwarz gehalten werden kann ... aber ich sage lieber, dass ich ein glücklicher Philosoph bin, trotz allem, was Sie gerade über mich sagten, denn ich glaube nicht schwärzer zu sein als Nietzsche. Von einem gewissen Moment an sieht sich die Sinnlichkeit vor die Notwendigkeit gestellt, an die Erregung zu appellieren. Man kann nicht erschüttern, ohne

Unruhe ins Spiel zu bringen. Dennoch bedeutet die Erregung nicht das Unglück, nicht wahr, sie bedeutet nicht das Schwarze ...

Pierre Barbier: Als Sie *L'Expérience intérieure*, *Le Coupable*, und *Sur Nietzsche* zusammen publizierten,[30] scheinen Sie da nicht in Betracht gezogen zu haben, dass diese drei Bücher vielleicht ein Ganzes bilden und miteinander verbunden sind?

G.B.: Ein Ganzes, das vervollständigt werden müsste. Das Denken oder die Sinnlichkeit können sich nur unter einer Bedingung ausdrücken, derjenigen, eine Art Rundumschlag zu machen ... es geht darum, die Totalität des Sinnlichen und des Intelligiblen, an die man rühren konnte, einzusammeln. Was mich betrifft, so verspüre ich das Bedürfnis, mit einem ziemlich vollständigen Werk fragmentarischen Charakters zu erscheinen, das alles enthielte, was ich bis dahin für den Ausdruck meines Denkens gehalten habe. Es scheint mir notwendig, ein solches Werk herauszubringen, damit klar wird, dass man sich nicht nur in Gegenwart einer Poesie befindet, die sich einer Philosophie ankristallisiert, sondern trotz allem in Gegenwart einer vollständigen Philosophie, obwohl sie eine Anti-Philosophie sein will.

LASCAUX ODER DIE GEBURT DER KUNST

G.B.: Ich habe mich immer schon für die Geschichte der Kunst interessiert. Vielleicht war sie sogar das erste, was mich interessiert hat. Ja, das könnte so gewesen sein. Insbesondere die Vorgeschichte. Die Vorgeschichte hat mich schon wegen der Fragen, die sie aufwirft, in Erstaunen gesetzt, weil sie die der Philosophie berühren. Als man die Höhle von Lascaux entdeckt hatte, wurde die Frage wieder virulent, und ich brannte darauf, mich von Neuem mit ihr zu beschäftigen. [...] Jedenfalls gibt diese Entdeckung, von gewissen Blickpunkten aus, dem Ganzen der prähistorischen Malerei etwas zutiefst Ergreifendes. So etwas hatte es, wegen des relativ schlechten Zustands der Malereien, die vor 1940 entdeckt worden waren, bis dahin nicht gegeben. Damals waren Kinder, die im Wald herumstreunten, in ein Loch geglitten, das ein entwurzelter Baum gerissen hatte. Eines Tages sind sie wieder dort eingedrungen und haben eine kleine Expedition unternommen, um die Höhle zu erkunden; sie hatten sogar eine Taschenlampe dabei, und nach einer Weile sahen sie zu ihrem eigenen Erstaunen alle Arten von außergewöhnlichen Figuren auftauchen. Sie brauchten nur wenige Minuten, um im kärglichen Licht ihrer Lampe zu begreifen, dass sie wirklich etwas ganz Außerordentliches gefunden hatten, und es blieb ihnen gar nichts anderes übrig, als zu tanzen, wie einer von ihnen berichtet hat. Sie tanzten einen echten Kriegstanz wie die Indianer auf ihrem Kriegspfad.

Pierre Barbier: Könnten Sie einige der Überlegungen, zu denen Sie Ihr Tête-à-tête mit den versunkenen Bildern der Höhle von Lascaux inspiriert hat, präzisieren oder besser zusammenfassen? Doch zuallererst: was hat Sie persönlich gefangen genommen, was hat Sie an diesen Malereien berührt?

G.B.: Ich wurde selbstverständlich von ihrer ungewöhnlichen Schönheit angezogen. Was mich aber ganz persönlich bei der prähistorischen Kunst verweilen ließ, war die ungeheure Diskrepanz zwischen der Schönheit der Tierdarstellungen und der Bedeutungslosigkeit der Darstellungen, um nicht zu sagen Karikaturen, vom Menschen. Das geht sehr weit, fast überall dort, wo diese Diskrepanz aufscheint. Insbesondere in Lascaux, wo alle Darstellungen ganz deutlich sind, wo auch die einzige menschliche Figur ganz deutlich ist, aber so, als hätte ein Kind sie gezeichnet.

Pierre Barbier: Man sollte hier vielleicht hervorheben, was Sie übrigens in Ihrem Buch ausführlich tun, oder man sollte anmerken, dass der Mensch, der prähistorische Mensch, der Höhlenmensch, ein zum Leben erwachender Künstler, ein zum Leben erwachender Mensch ist, der ausgerechnet von dem Augenblick an, da er sich nicht mehr vor dem Tier auslöscht, sich nicht mehr vor ihm verbeugt, also von dem Augenblick an, da er sich selbst darstellen will, da er die Selbstdarstellung akzeptiert, seine Züge verhüllt, sie mit denen des Tieres maskiert, als ob es seine größte Sorge wäre, ein Gesicht zu verbergen, das jede Bindung an das tierische Wesen längst verloren hat. Die einzige menschliche Darstellung, die man in Lascaux antrifft, ist die eines Mannes mit Vogelkopf.

G.B.: Es ist in der Tat sehr erstaunlich, dass sich die Animalität gerade auch in den seltenen Darstellungen des Menschen, die wir kennen, ausprägt. Es ist ein wenig so, als ob die menschliche Gestalt nicht direkt dargestellt werden konnte, jedenfalls nicht ohne ein Zurückschrecken, ein Zaudern. Ein Mann, ja, aber man verpasst ihm einen Vogelkopf, damit das durchgeht. Es lag eine Art Tabu auf der menschlichen Darstellung, jedenfalls soweit man den wenigen Auskünften, den wenigen positiven Dokumenten glauben darf, die wir von dieser Zeit haben. Aber uns bleibt immerhin die Opposition zwischen Mensch und Tier, an die wir uns halten können, wenn wir diese Malereien zu interpretieren versuchen. Besonders frappierend scheint mir, dass sie eine andere Idee vom tierischen Wesen, eine andere Idee der Menschheit voraussetzen, als es die sind, die wir kennen. Ich meine, dass man die Ideen dieser ursprünglichen Völker, die Jäger waren, denen der gegenwärtig noch lebenden Jägervölker annähern sollte. Als man vor noch nicht allzu langer Zeit die Jäger eines nordamerikanischen Indianerstammes befragt hat, was ihrer Meinung nach die Tiere seien, antworteten sie, dass sie wie die Menschen seien, nur heiliger ... Heiliger, das heißt sakraler, stärker mit religiösen Werten verbunden. Das entspricht allem, was wir durch die Religionsgeschichte wissen, die den Beweis angetreten hat, dass beispielsweise in Griechenland oder in Ägypten die Tiergottheiten den Göttern in

Menschengestalt vorausgegangen waren. Zwischen den Menschen und der Gottheit musste eine Schwelle überschritten werden, die es zwischen dem Tier und der Gottheit nicht gibt. Es war das Tier, das den Menschen ursprünglich den Sinn für das Göttliche eingeflößt hat. Das mag befremdlich klingen, doch führt alles zu dieser Annahme.

GESPRÄCH MIT MARGUERITE DURAS

Vielleicht können Sie, da es so üblich ist, sagen, was Sie im Augenblick schreiben?
Wenn Sie möchten. Ich bereite zwei Dinge vor. Ein Vorwort zur Neuauflage von *Le Coupable*. Und ein Werk über *Nietzsche und der Kommunismus*, das der 3. Band des *Verfemten Teils* sein wird.

Band II ist Der heilige Eros, *der gerade im Verlag Minuit erschienen ist?*
Ja. *Nietzsche und der Kommunismus* wird der Frage der Souveränität gewidmet sein. Dem, was ich Souveränität nenne. Meines Erachtens kann man Nietzsche ein Missverständnis verzeihen, das zum Faschismus tendiert. Was für Nietzsches Haltung den Beweis liefert, ist das Streben nach dem souveränen Wert. Wenn man das nicht kennt, wenn man sein Streben nicht dem Streben nach militärischen Werten entgegenstellt, jene, die man in der faschistischen Welt antrifft, ist Nietzsche unverständlich. Die Souveränität des Menschen und der militärische Wert gehen auseinander. Der Kommunismus zum Beispiel will die militärischen Werte abschaffen und die Souveränität

des Menschen durchsetzen, die eines jeden Menschen, den er als nicht entfremdbar betrachtet.

Auch die militärischen Werte haben in den Augen ihrer Besitzer eine Souveränität. Was ist ihrer Meinung nach das Kriterium, das diese beiden Souveränitäten trennt?

Die militärischen Werte haben eine Souveränität, die von dem Augenblick an nicht authentisch souverän ist, da sie ein genaues Ergebnis zum Ziel haben. Wenn Sie so wollen, steht die souveräne Haltung genau im Gegensatz zu der der Arbeit. Bei der Arbeit handeln wir, um einen Vorteil zu erlangen. Ein Handelsvertreter redet, um seine Ware zu verkaufen. Wenn wir aber eine souveräne Haltung haben, stehen wir den Folgen gleichgültig gegenüber: wir kümmern uns um nichts mehr. Nun, der Soldat, der Heerführer steht, da er grundsätzlich nach politischem Vorteil strebt, auf der Seite des Handelsvertreters. Hitler oder Ludwig XIV. standen auf der Seite des Handelsvertreters. Nietzsche charakterisiert im Gegenteil die Weigerung, dem Kalkül politischer Vorteile zu dienen. Für ihn hatte im menschlichen Leben etwas die Bedeutung eines souveränen Ziels und konnte nicht dienstbar gemacht werden.

Aber die Souveräne in der Geschichte haben immer den militärischen Wert verkörpert?
Ja. Ein einziger Vorbehalt ist möglich. Ursprünglich unterschied sich die Souveränität auf fundamentale Weise von der militärischen Macht. Die militärische Macht konnte es sich erlauben, die Souveränität für sich in Anspruch zu nehmen, aber sie unterschied sich von ihr. Von dieser Sachlage haben zahlreiche Spuren die Zeit überdauert. Aber zuletzt hat die Gewalt den Sieg davongetragen, sie hat alles zermalmt, und schließlich haben die Souveräne Uniform getragen, als ob sie darauf Wert gelegt hätten, so recht ihre Souveränität zu zeigen.

Ihrer Ansicht nach könnte die Souveränität also keine äußere Erscheinung haben. Gäbe es wirklich keine äußere Erscheinung, die der Souveränität entspräche?
Warum nicht? Die der Kuh auf einer Wiese scheint mir ganz gut zu passen.

Die Souveränität des Menschen, die Nietzsche anstrebt, würde in Ihren Augen also mit jener übereinstimmen, die der Kommunismus anstrebt?
Der Kommunismus scheint mir notwendigerweise einverstanden zu sein mit der Souveränität des

menschlichen Lebens. Für den Kommunismus kann es kein Prinzip geben, das sich über das menschliche Leben erhebt. Es ist jedoch notwendig zu zeigen, dass es einen gewissen Weg des Kommunismus gibt, der trotz des Willens jener, die ihn beschreiten, dazu führt, das Individuum einer Sache unterzuordnen, die es transzendiert und die es entfremdet. Ich glaube, dass mein Denken darüber keinen unvoreingenommenen Kommunisten schockieren würde.

Auf welche Unterordnung spielen Sie an?
Oft wird es notwendig, der Produktion, der Anstrengung zu folgen, die zur Befriedigung der Bedürfnisse nötig ist. Unter diesen Bedingungen ist es möglich, das Individuum zugunsten dessen, was es nicht ist, zu transzendieren oder zu entfremden. Und sei es nur, indem man die Befriedigung seiner Bedürfnisse einschränkt. Man schränkt es ein, während man die nötige Anstrengung macht. Ich muss es genauer formulieren, aber ich verstehe als allererster die Schwierigkeiten, die die Kommunisten dazu veranlasst haben, manchmal schockierende Standpunkte zu vertreten.

Was wäre Ihrer Meinung nach in Wirklichkeit das Ergebnis der wahren Souveränität?

Ich glaube, dass sie eher zu Entbehrungen als zu Privilegien führt. Selbst Nietzsche stellte sich manchmal eine sozialistisch gewordene Welt vor, in der die Arbeiter mehr Rechte und mehr Mittel als die Intellektuellen hätten haben können.

In einer Übergangsepoche, in der den Kopfarbeitern die Souveränität leichter zugänglich wäre als den Handarbeitern?
Ja. Und äußerstenfalls kann man sich sogar noch diesen letzten Unterschied zwischen Handarbeiter und Kopfarbeiter vorstellen.

Kann man von der Souveränität nach Nietzsche sagen, dass sie ein offener, auswegloser Weg ist?
Man kann sagen, das einzig Mögliche in der Souveränität ist, dass das Bild, das man sich von einem Menschen macht, der dieses Namens würdig ist, nicht beschränkt werden kann.

Welches sind jedoch die Wege dieser Souveränität?
Auf diesem Weg findet man alsbald Gott. Aber es ist nicht möglich, den Gott zu berücksichtigen, dessen Existenz über seiner eigenen steht. Aber Gott ist dennoch eine genaue Angabe dessen, was man in sich selbst verwirklichen muss.

Sich in die Lage Gottes versetzen ist eine so missliche Lage, dass Gott sein das Äquivalent der Qual ist. Denn das setzt voraus, dass man mit allem, was ist, einverstanden ist, einverstanden mit dem Schlimmsten. Gott sein heißt, das Schlimmste gewollt haben. Man kann sich nicht vorstellen, dass das Schlimmste existieren könnte, wenn Gott es nicht gewollt hätte. Das ist eine lustige Idee, wie Sie sehen. Und eine komische. Man kann über Gott nicht ernsthaft nachdenken, ohne von einem so tiefen Gefühl der Komik überrascht zu werden, dass man es einem verzeihen könnte, wenn man nicht bemerkt, dass es komisch ist.

Sie lachen?
Ja. Wenn Sie so wollen, ist die Vorstellung, die ich mir von der Gegenwart Gottes mache, nicht nur eine lustige Vorstellung, sondern die Entsprechung der Situationskomik à la Feydeau. Fällt Ihnen nichts aus dem Werk Feydeaus ein, das das illustrieren könnte?

Ich suche … nein … und Ihnen?
Auch nichts. Aber sie wissen, ich verzichte im Allgemeinen darauf, mir die konkreten Dinge vorzustellen. Und im Übrigen kann ich über Gott

lachen, ohne ihn zu bitten, mir dieselben bösen Streiche vorzuspielen wie die Gestalten Feydeaus.

Was ist das größte Hindernis bei dem Streben nach Souveränität?
Zweifellos die Notwendigkeit, die Existenz anderer zu akzeptieren und gänzlich zu respektieren. Im Allgemeinen verleiht diese Notwendigkeit ein Gefühl tiefer Befriedigung. Nur darf man sich niemals einer Anwandlung von schlechter Stimmung widersetzen. Eine Anwandlung von schlechter Stimmung darf natürlich niemals theoretisch werden. Ein Individuum, das von seiner Stimmung übermannt wird, ist ein Irrer. Eigentlich könnte man sagen, dass ein Irrer das vollkommene Abbild des Souveräns ist. Aber ein Mensch, der verstünde, dass die Souveränität eines Souveräns der Wahnsinn ist, würde alle Gründe gewahren, sich nicht wie ein Irrer aufzuführen.

Aber die Stimmung kann man aus der menschlichen Seele nicht verbannen?
Gewiss nicht. Wenn der Mensch sich nicht wie ein Irrer aufführen darf, muss er dem Wahnsinn seinen Teil einräumen. Ich spreche von dem Teil, den ihm nach alter Tradition das Theater und die Literatur einräumen. Aber die Stimmung,

ich sage es noch einmal, darf niemals theoretisch werden. Darf sich zum Beispiel niemals gegen die Gleichheit zwischen den Menschen richten.

Ich frage Sie weiterhin ins Blaue hinein?
Wenn Sie möchten. Kegeln wir weiter aus Spaß, die Kegel fallen zu sehen, ohne Regel. Nur zu.

Übrigens, wenn Sie schreiben …?
Die größte Schwierigkeit besteht für mich darin, nicht ins Blaue hinein zu schreiben. Das heißt, es fällt mir schwer zu schreiben, indem ich mir einen Weg festlege.

Bis zu dem Augenblick, da Sie bemerken, dass Sie in Wirklichkeit nicht ins Blaue hinein geschrieben haben?
Nein, bis zu dem Augenblick, wo ich nicht umhin kann, ein Buch zu schreiben.

Ist die Tatsache, dass Sie im Jahre 1957 eine Zeitschrift über die Erotik in Angriff nehmen, ohne Beziehung zu jeglicher Berücksichtigung des Zeitgeschehens, mit einer Hoffnungslosigkeit verbunden, mit der Sie die gegenwärtige Zeit ansehen?
Keineswegs. Ich mache eine Zeitschrift über die Erotik, weil sie infolge der radikalen Änderung,

die sich seit einigen Jahren in der Sexualmoral vollzogen hat, einen Sinn hat.

Sie verstehen, worauf ich hinaus will?
Ja. Ich bin kein Mensch, der in der Hoffnung lebt. Ich habe niemals begriffen, wie man sich aus Mangel an Hoffnung töten könnte. Man kann verzweifelt sein und nicht einen Augenblick daran denken, sich zu töten. Man befriedigt seine Wünsche nicht nur mit Hoffnung.

Womit sonst, zum Beispiel?
Mit Verstehen. Ich war nie ins politische Leben verwickelt. Was für mich immer zählte, war, zu verstehen. Aber ich hatte kein persönliches Verlangen. Ich fand die Welt empörend. Aber es ist mir nie passiert, aus dieser empörenden Welt einen Ausweg zu finden.

Ich glaubte, Sie hätten zur Zeit der Volksfront aus dieser empörenden Welt einen Ausweg geahnt?
Für einen sehr kurzen Augenblick habe ich freilich ein politisches Brodeln verspürt. Aber sehr rasch war ich diesen Fragen wieder nicht mehr gewachsen. Um Kommunist zu sein, müsste ich Hoffnung in die Welt setzen. Dass wir uns recht verstehen: es fehlt mir die Berufung jener, die

sich für die Welt verantwortlich fühlen. Bis zu einem gewissen Grad verlange ich auf der politischen Ebene die Verantwortungslosigkeit der Irren … Ich bin nicht so verrückt, aber ich übernehme nicht die Verantwortung für die Welt, in welchem Sinne auch immer.

Kann ich trotzdem schreiben, dass der Kommunismus für Sie der allgemeinen Forderung entspricht?
Ja, das können Sie. Ich finde, dass die Arbeiteransprüche an der Basis derart sind, dass die Bourgeois ihnen nichts vorzuschlagen haben. Aber noch einmal, ich bin nicht einmal Kommunist.

»Nicht einmal«?
Da ich keinerlei Hoffnung in diese Welt setze und ich in der Gegenwart lebe, kann ich mich nicht um das kümmern, was später beginnen wird.

Sie lehnen es ab, sich stellvertretend für die anderen darum zu kümmern?
Richtig. Noch einmal, ich fühle mich nicht berufen.

Ich entschuldige mich, dass ich verpflichtet bin, Sie zu bitten, mir in dem Maße, in dem Sie es möchten, zu sagen, ob Sie mangels persönlichem Verlangen und Berufung, wie Sie sagen, einen Wunsch allgemeiner Art haben?

Ich glaube, dass der Kommunismus völlig normal ist, dass er wünschenswert ist. Aber der banale Ausdruck meines Denkens verfälscht ein wenig diesen Wunsch. Wenn Sie so wollen, denke ich etwa das, was die anderen denken. Dieses »etwa« kommt von jemandem, der versucht, sein Denken mit Genauigkeit zum Ausdruck zu bringen, das als wesentlich betrachtet werden kann.

DIE LITERATUR UND DAS BÖSE

Georges Bataille, ich würde Sie zunächst gerne über den Titel Ihres Buches befragen, bevor wir dann auf das Buch selbst zu sprechen kommen, damit ich mir erlauben kann, Ihnen eine Reihe von Fragen zu stellen. Von welchem Bösen sprechen Sie?
Ich glaube, es gibt prinzipiell zwei Arten des Bösen, die einander opponieren: das eine rührt von der Notwendigkeit her, dass die Dinge einen für den Menschen vorteilhaften Verlauf nehmen und zu dem gewünschten Resultat führen; das andere besteht darin, einige wenige, fundamentale Verbote zu verletzen, wie beispielsweise das Verbot zu töten oder das gewisser sexueller Möglichkeiten.

Ja, man kann Böses tun, und man kann böse handeln.
Ja, so ist es.

Will dieser Titel im Grunde nicht sagen, dass das Böse und die Literatur letztlich untrennbar sind?
In meiner Sicht, ja. Selbstverständlich erkennt man das nicht schon auf den ersten Blick, aber

mir scheint, dass die Literatur schnell langweilig würde, wenn sie sich vom Bösen entfernte. Das mag erstaunen, dennoch glaube ich, man wird sehr schnell erkennen, dass die Literatur gar nicht umhin kann, die Angst ins Spiel zu bringen, und die Angst erwächst zweifellos immer aus etwas, das schlecht läuft, das eine Wendung zum wirklich Schlimmen nimmt, und nur dadurch, dass die Literatur den Leser in die Perspektive oder zumindest vor die Möglichkeit einer Geschichte stellt, die sich für die, die darin verwickelt sind, zum Schlimmsten wendet, oder, um die Romansituation zu vereinfachen, oft auch nur dadurch, dass sie den Leser in diese unangenehme, eine Spannung erzeugende Perspektive stellt, vermeidet sie es, ihn zu langweilen.

Folglich macht sich ein Schriftsteller, jedenfalls ein guter Schriftsteller, immer des Schreibens schuldig?

Die meisten Schriftsteller waren sich dessen nicht bewusst, aber ich glaube an diese tiefe Schuld. Schreiben ist trotz allem das Gegenteil von Arbeiten; das scheint vielleicht nicht logisch, trotzdem verdanken sich alle amüsanten Bücher einer Anstrengung, die der Arbeit vorenthalten wurde.

Können Sie ein oder zwei Schriftsteller nennen, die genau diese Schuld des Schreibens empfunden haben?

Mir scheint, es gibt unter ihnen zwei, ich habe sie übrigens auch in meinem Buch erwähnt, die sich diesbezüglich ganz besonders auszeichnen. Es sind Baudelaire und Kafka. Der eine wie der andere waren sich bewusst, dass sie sich schreibend auf die Seite des Bösen stellten und dass sie folglich schuldig waren. Bei Baudelaire zeigt sich das darin, dass er die Gedanken, die ihm am meisten am Herzen lagen, unter dem Titel *Les Fleurs du mal* aufgezeichnet hat. Kafka hat das mit noch größerer Deutlichkeit zum Ausdruck gebracht. Er war davon überzeugt, dass er, wenn er schreibt, den Seinen gegenüber ungehorsam war, und hat sich dadurch in eine Situation der Schuld gebracht. Es ist wahr, seine Familie ließ ihn fühlen, dass es böse sei, sein Leben dem Schreiben zu widmen, und gut, dem Beispiel zu folgen, dem man in der Familie schon immer gefolgt war, nämlich einer kommerziellen Tätigkeit nachzugehen, und wer sich dieser Pflicht entzieht, handelt böse.

Ja, aber Schriftsteller sein hieß schuldig sein für Kafka und Baudelaire, weil es als nicht seriös

galt, Schriftsteller zu sein, letztlich ist das doch der Sinn der Worte von Kafkas oder Baudelaires Eltern!
Wenn man will.

Aber diese Schuld wird von ihnen doch als eine Kinderei empfunden; sie fühlen sich der Kinderei schuldig, weil sie schreiben. Glauben Sie wirklich, dass sich Kafka und Baudelaire der Kinderei schuldig fühlten, wenn sie schrieben?
Ich denke, dass sie sich ganz ausdrücklich und manchmal sogar sprichwörtlich in der Situation eines Kindes vor den Eltern gefühlt haben, eines Kindes, das unfolgsam ist und deshalb ein schlechtes Gewissen hat, denn es erinnert sich an die Eltern, die es natürlich geliebt hat und die ihm ständig sagten, dass man das nicht tun dürfe, dass Schreiben böse sei, und zwar im striktesten Sinn des Wortes.

Wenn aber die Literatur eine Kinderei ist, oder wenn man sich des Schreibens schuldig macht, weil das nur eine Kinderei ist, könnte man doch denken, dass die Literatur überhaupt etwas Pueriles sei?
Ich glaube, dass es etwas wesentlich Pueriles an der Literatur gibt. Das könnte leicht als un-

vereinbar mit der Bewunderung erscheinen, die man im Übrigen für die Literatur empfindet und die ich teile. Ich glaube jedoch, dass das etwas ganz und gar Grundlegendes ist. Man kann nicht wirklich verstehen, was die Literatur bedeutet, wenn man sie nicht auf die Seite des Kindes stellt, was ja nicht bedeutet, sie abzuwerten.

Sie haben ein Buch über die Erotik geschrieben; ist die Erotik in der Literatur Ihnen zufolge eine Kinderei?

Ich weiß nicht, ob sich die Literatur in dieser Hinsicht von der Erotik im Allgemeinen unterscheidet, aber mir scheint, dass es sehr wichtig ist, den infantilen Charakter der Erotik insgesamt zu erkennen. Erotisch ist, wer sich wie ein Kind durch ein Spiel, durch ein verbotenes Spiel, faszinieren lässt. Und ein Mensch, den die Erotik fasziniert, ist ganz und gar in der Situation eines Kindes seinen Eltern gegenüber. Er hat Angst vor dem, was ihm zustoßen könnte, und er geht immer ziemlich weit, um Angst zu empfinden; er gibt sich nicht mit dem zufrieden, womit sich die Erwachsenen zufrieden geben. Er muss Angst haben, er muss sich wieder in der Situation befinden, in der er ein Kind war und ständig ausgeschimpft zu werden drohte, sehr schlimm sogar, auf eine unerträgliche, untragbare Weise.

Ich habe durchblicken lassen, oder vielleicht haben Sie es auch zu verstehen gegeben, dass Sie diese Kinderei oder diese Albernheit verurteilen. Ich hielte es aber für gut, wenn wir noch einmal auf den Titel Ihres Buches, Die Literatur und das Böse, *zurückkämen. Das ist ja keine Verurteilung der Literatur und des Bösen. Ich hätte gerne, dass Sie uns den durchgehenden Faden dieses Buches aufzeigen.*

Der Titel ist ganz gewiss eine Warnung. Er will sagen, dass man sich vor einer Gefahr in Acht nehmen sollte. Es ist jedoch gut möglich, dass man, sobald man vor einer Gefahr gewarnt hat, Gründe entdeckt, dem, wovor man gewarnt hat, gegenüberzutreten, ihm die Stirn zu bieten, und ich glaube, dass es für uns wesentlich ist, der Gefahr, welche die Literatur darstellt, zu trotzen. Ich halte die Literatur für eine sehr ernste und große Gefahr, aber man ist nur dann wirklich Mensch, wenn man sich der Gefahr stellt. Und ich bin davon überzeugt, dass es die Literatur ist, in der wir die wiederhergestellten menschlichen Perspektiven in vollem Tageslicht erkennen, denn die Literatur gönnt uns kein Leben, das nicht noch in den leidenschaftlichsten Perspektiven die menschlichen Belange erkennen würde.

Man denke nur an die Tragödie, an Shakespeare, und es gibt eine Vielheit solcher Aspekte; dennoch ist es die Literatur, die uns das Schlimmste zu sehen erlaubt und uns gleichzeitig zeigt, wie man ihm die Stirn bietet, wie man es überwindet. Ein Mensch, der spielt, findet im Spiel immer auch die Kraft, das zu überwinden, was das Spiel an Schrecken mit sich bringt.

FRIEDRICH NIETZSCHE

»Von unseren besten Feinden wollen wir nicht geschont sein, und auch von Denen nicht, welche wir von Grund aus lieben. So lasst mich denn euch die Wahrheit sagen!
Meine Brüder im Kriege! Ich liebe Euch von Grund aus, ich bin und war Euresgleichen. Und ich bin auch euer bester Feind. So lasst mich denn euch die Wahrheit sagen!
Ich weiß um den Hass und Neid eures Herzens. Ihr seid nicht gross genug, um Hass und Neid nicht zu kennen. So seid denn gross genug, euch ihrer nicht zu schämen!
Und wenn ihr nicht Heilige der Erkenntnis sein könnt, so seid mir wenigstens deren Kriegsmänner. Das sind die Gefährten und Vorläufer solcher Heiligkeit.
Ich sehe viel Soldaten: möchte ich viel Kriegsmänner sehn! ›Ein-form‹ nennt man's, was sie tragen: möge es nicht Ein-form sein, was sie damit verstecken!
Ihr sollt mir Solche sein, deren Auge immer nach einem Feinde sucht – nach eurem Feinde. Und bei einigen von euch giebt es Hass auf den ersten Blick.

Euren Feind sollt ihr suchen, euren Krieg sollt ihr führen und für eure Gedanken! Und wenn euer Gedanke unterliegt, so soll eure Redlichkeit darüber noch Triumph rufen!
Ihr sollt den Frieden lieben als Mittel zu neuen Kriegen. Und den kurzen Frieden mehr, als den langen.
Euch rathe ich nicht zur Arbeit, sondern zum Kampfe. Euch rathe ich nicht zum Frieden, sondern zum Siege. Eure Arbeit sei ein Kampf, euer Friede sei ein Sieg!
Man kann nur schweigen und stillsitzen, wenn man Pfeil und Bogen hat: sonst schwätzt und zankt man. Euer Friede sei ein Sieg!
Ihr sagt, die gute Sache sei es, die sogar den Krieg heilige? Ich sage euch: der gute Krieg ist es, der jede Sache heiligt.«[31]

Georges Charbonnier: Georges Bataille, was soll man von diesem Auszug aus dem *Zarathustra* halten? Was ist der Krieg für Friedrich Nietzsche?

G.B.: Der Krieg kann von zwei Gesichtspunkten aus gedacht werden. Für die meisten Leute ist der Krieg eine Politik, und zwar eine brutale, gewalttätige Politik. Doch beispielsweise für Clausewitz setzt der Krieg nur die Politik des

Friedens fort. Das heißt, der Krieg hat einen Zweck, einen ganz bestimmten Zweck, der darin besteht, den Leuten, die man bekämpft, die man als Feinde bezeichnet, den eigenen Willen aufzuzwingen. Vor Zeiten aber war der Krieg etwas ganz anderes; unter ursprünglichen Bedingungen war mit ihm kein materieller Zweck verbunden. Der Krieg war bloß eine Art Übung, eine Übung mit rein tragischer Allüre. Was ich sagen will, ist Folgendes: zunächst war der Krieg ein Spiel, und als Spiel wird er meiner Ansicht nach von Nietzsche auch geschätzt. Man muss das nur richtig verstehen. Man sollte sich darüber klarwerden, was für eine Art Spiel der Krieg ist. Der Krieg ist ein letztes Spiel, er ist ein tragisches Spiel: ein Spiel, bei dem man alles einsetzt, was man hat, das eigene Leben inbegriffen, und ich glaube, das ist es, was Nietzsche am Krieg geliebt hat; denn für ihn war das Leben im Wesentlichen ein Spiel. Nietzsche hat zweifellos auch die Erfahrung machen müssen, dass es kein Spiel gibt, das dem Krieg überlegen wäre; er ist das einzige Spiel, in dem der Einsatz total ist.

Georges Charbonnier: [...] Wenn Sie mir sagen, was ich zuzugeben bereit bin, dass man den Krieg, sobald man von Nietzsche spricht, als ein höchstes Spiel verstehen muss, bei dem das Leben infrage steht, kann ich dann nicht den Begriff des Spiels, den Sie soeben in Bezug auf den Krieg eingeführt haben, mehr noch auf das Werk von Nietzsche insgesamt beziehen?

G.B.: Ich meine, dass das seine Position ganz generell verdeutlicht. Seine Position wäre wirklich sehr schwer verständlich, wenn man nicht sähe, bis zu welchem Grad alles, was sich in seinem Denken reflektierte, sich dort reflektierte, während er damit gespielt hat. Nietzsche ist kein Philosoph, und zwar aus einem einzigen Grund, wie ich meine: die Philosophie konnte von Nietzsche nicht erschüttert werden. Nicht, dass er nicht die Kraft dazu gehabt hätte, aber die Philosophie nahm ihn nicht auf, solange er nur spielen wollte. Nietzsche hat vielleicht nicht vollständig auf die Philosophie verzichtet, aber er hat mit Sicherheit der Möglichkeit, ein Philosoph zu werden, die Hingabe an eine Schreibweise vorgezogen, die ihm ständig erlaubte, mit dem, was er schrieb, zu spielen. Nietzsche hat das, was er schrieb, nie von hoher Warte aus betrachtet, und ich muss gestehen, dass darüber viel mehr und Genaueres zu sagen wäre. Im *Zarathustra* zum Beispiel gibt es zwar den Versuch, in einem hohen Stil zu schreiben, auf eine Weise, die es erlaubt, alles von ganz weit oben her zu sehen; aber man muss auch sagen, dass er damit bis zu einem gewissen Grad gescheitert ist. Er ist zwar gescheitert, aber vielleicht so wenig unbewusst wie nur möglich. Ich bitte Sie um die Erlaubnis, noch einige Sätze aus dem *Zarathustra* zu zitieren: »Wahrlich ein Segnen ist es und kein Lästern, wenn ich lehre: ›über allen Dingen steht der Himmel Zufall, der Himmel Unschuld, der Himmel Ohngefähr, der Himmel Übermuth‹. ›Von Ohngefähr‹ – das ist der älteste Adel der Welt, den gab ich allen Dingen zurück, ich erlöste sie von der Knechtschaft unter dem Zwecke.«[32]

Wie Sie sehen, handelt es sich im Wesentlichen darum, die Dinge, das heißt, die Existenz und die Welt, vom Zweck zu befreien. Und Nietzsche ist immer gleichen Sinnes. Er protestiert dagegen, dass man den Dingen und der Welt einen Zweck zuweist. Für ihn hat die Welt keinen Zweck, und was bleibt uns da anderes übrig als über das, was ist, zu lachen. Kein Lachen, wie man es gewöhnlich lacht, wenn man sich dem, worüber man lacht, überlegen fühlt, sondern ein endgültiges Lachen. Man kann über die Welt nicht wie über eine Realität lachen, der man sich überlegen fühlt, sondern nur wie über eine Realität, der gegenüber man sich ganz klein fühlt, und daher ist das Lachen unter Nietzsches Bedingungen ein tragisches Lachen. Es gibt keine andere Möglichkeit, von Nietzsches Erkenntnis aus zu lachen, als bis ans Ende der Möglichkeiten des Lachens zu gehen, das heißt: auf tragische Weise lachen, lachen, als ob man im Angesicht eines Kruzifixes lachte.

GESPRÄCH MIT MADELEINE CHAPSAL

Wir alle haben das Gesicht dieser hinreißenden Frau mit den grünen, bis zu den Schläfen gezogenen Augen im Kino bewundert. In *Das Frühstück im Grünen* von Jean Renoir spielt sie die scheinheilige Kleine. Mit sehr viel Talent, denn Scheinheiligkeit und Naivität, das waren genau die Eigenschaften, die Sylvia Bataille nicht besaß. Sie war die Frau von Jacques Lacan; zuvor war sie mit Georges Bataille verheiratet gewesen. Eines Tages sagte sie zu mir: »Sie sollten ihn aufsuchen. Er hat seltsame und schöne Dinge zu sagen.«
»Wer?«
»Nun, Georges! Er lebt in Orleans, wo er Konservator der Bibliothek ist. Niemand kümmert sich um ihn. Niemand kommt ihn besuchen. Und dabei ist es doch phantastisch, was er geschrieben hat!«
Georges Bataille verabredete sich mit mir direkt in der Bibliothek, im Frühjahr 1961; ich war sofort beeindruckt von der ruhigen Schönheit des Gebäudes und seiner Anlage: der gepflasterte Hof, der Garten mit den hohen Pappeln, die angrenzende Kirche. Fast wie ein Kloster.

Der Eindruck verstärkte sich, als ich den großen, dekorativ mit Holz verkleideten Saal der Bibliothek durchquerte, in dem einige Leser saßen, die – die Nasen in ihre Bücher gesteckt – wie ins Gebet versunken schienen.

Bataille war sehr schön. Große, blaue Augen – wasserblau mit tiefschwarzen Pupillen – in einem ebenmäßigen Gesicht. War er blond gewesen, hellbraun? Sein weißes Haar, auf der Seite gescheitelt und schön geglättet, gab seinem Gesicht vollends den Ausdruck, soeben einer Lithographie der Jahrhundertwende entsprungen zu sein. Seine ganze Erscheinung atmete natürliche Eleganz. Seine Vornehmheit schien nicht angelernt: Es war einfach seine Art, auf der Welt zu sein.

Überaus höflich erklärte er mir, dass er sehr müde sei. Wenn es mir nichts ausmache, würde er das Gespräch gern in mehreren Teilen führen, mit kleinen Pausen, in denen er sich erholen könne.

Ich kam seiner Bitte natürlich nach, ich spürte sofort, was seine Persönlichkeit vom ersten Moment an ausstrahlte: eine brisante Mischung aus Scharfsinnigkeit und Schwerfälligkeit. Eine unendliche, mit furchtbaren Spannungen verbundene Müdigkeit. Er verkörperte selbst, was das Ziel seiner Forschungen gewesen war: extreme Positionen.

Während ich mein Gerät installierte, ließ sich Bataille schwer in seinen Fauteuil zurückfallen, mit schlaffen Händen, aber mit wachem Blick.
Zu Beginn sprach ich mit ihm über die Publikation seines letzten Buches über die Erotik, *Die Tränen des Eros,* und sogleich erhob sich sein Geist in luftige Höhen, mit einer Leichtigkeit, die ich nur bei ihm kennengelernt habe. Er hatte einmal ein glänzendes Buch geschrieben. *Das Blau des Himmels;* seine tiefblauen Augen wandten sich oft nach oben, wie um dort nach einer Inspiration zu suchen.
War es die Verbindung all dieser Elemente mit seiner sanften, heiseren Stimme? Jedenfalls hatte ich das Gefühl, mit ihm am Himmel zu schweben ... Nicht, dass er von unirdischen Dingen gesprochen hätte, im Gegenteil: Erotisches und Schlüpfriges wurde gleich zu Beginn erwähnt und war sehr präsent.
Hierin lag Batailles herrliche Widersprüchlichkeit: Unter dem Gehabe des großen Mystikers verbarg sich ein unerbittlicher Atheist, ja sogar, so hatte man mir gesagt, ein besessener Erotomane. Er war ein Mensch, der nur Abgründe liebte, den Rausch, Situationen in labilem Gleichgewicht, der zum Beispiel über den Tod lachte, und der es verstand, mit erschreckender

Mühelosigkeit diejenigen mit sich zu reißen, die er in seinen Bann zog.
Wenn man nicht die Flucht ergriff, war man verloren. Er selbst zog sich mit Anmut, Freude, ja mit Frömmigkeit aus der Affäre, denn er hielt sich an dem Seil fest, das am besten zur Erforschung von Abgründen geeignet ist: das Schreiben!
Bataille sprach wie ein Engel, schrieb wie ein Engel, sah wie ein Engel aus, aber er war alles andere als ein Engel. War mir – außer in den Romanen des 19. Jahrhunderts – je zuvor ein so verführerisches Geschöpf begegnet?
Nach knapp einer halben Stunde schenkte er mir ein Lächeln, wiederum engelhaft: »Können wir aufhören?«, sagte er zu mir. »Meine Gedanken entgleiten mir ...«
Ich unterbrach sofort die Aufnahme, und er lud mich zu einem Spaziergang durch sein Reich ein – durch die Bibliothek. Wir gingen sehr langsam die Treppe hinunter, dann zeigte er mir seine Schätze: Tausende von Büchern, die er zu betreuen hatte. Schließlich zog er mich in den Garten, wo er sich auf die nächste Bank fallen ließ.
Nun, da kein Tonband mitlief, schien der Philosoph sich fallen zu lassen. Er sprach mit mir nur mehr über seine Beschwerden und seine kleinen

Sorgen. Die einen waren körperlich, die anderen administrativer Natur ...

Man ärgerte ihn, man tat ihm dies oder jenes an ... Ich drückte ihm mein Mitgefühl aus, aber ich hörte kaum zu. Ich fragte mich, wie sich wohl so kühnes Denken mit einem solchen Dutzendmenschen in Einklang bringen ließ ... Wir gingen wieder einige Schritte. Neuerliche Pause auf einer anderen Bank. Neuerliche Klagen ... Schließlich schöpfte er wieder Kraft und kündigte an, dass er sich bereit fühle, das Gespräch fortzusetzen.

Wir gingen gemessenen Schrittes wieder nach oben in sein Büro, und sogleich war er wieder wunderbar. Kaum hatte ich zwei Worte gesagt, hatte er auch schon den Sinn meiner Frage erfasst, ihre Richtung, und gab eine Antwort, die von vornherein über die, *die ich selbst hätte geben können,* hinausging ... Bataille ging nicht neben mir her, er ging weiter, er trieb mich, er zog mich, in die Richtung dessen, was er die »extremen Positionen« nannte. Die Grenzen der Menschheit, meine eigenen Grenzen ...

Es war berauschend, irritierend, schmerzhaft. Ich fühlte mich viel »weiter«, als ich es mir vorgestellt hatte, und gleichzeitig stieß ich an die Wände meiner »Kiste«. Es blieb mir nichts anderes übrig, als es ihm gleichzutun und – darüber zu lachen!

Genau so weit hatte mich Bataille bringen wollen, so weit, wie er alle seine Leser zu bringen versuchte: über sich selbst zu lachen, über alles zu lachen, mit ihm ... Diesen Weg zum Lachen hatte er mich, über die Mystik, innerhalb weniger Augenblicke zurücklegen lassen.

Das ließ mich seine bemerkenswerte Geschicklichkeit als »Führer« erkennen und den Despotismus, der darin steckte. Tatsächlich verbarg sich hinter Batailles Sanftmut eine eiserne Faust. Mit der er sich seiner Leser brutal bemächtigte ... Bataille gebrauchte ein Wort, um diese Seinsform zu beschreiben: Wut: Er behauptete, sie mit dem heiligen Juan de la Cruz zu teilen. Mit dem heiligen Juan de la Cruz zu leben, war bestimmt keine leichte Aufgabe ... Therese von Avila hat sich darüber geäußert ...

Unvermittelt hielt Bataille inne.

»Jetzt«, sagte er, »werde ich nach Hause Mittagessen gehen. Meine Frau erwartet mich. Ich habe Hemmungen, Sie einzuladen, denn ich esse nur Diätkost, und gleich nachher mache ich meinen Mittagsschlaf. Ist es Ihnen recht, wenn wir uns um drei Uhr wieder treffen?«

Ich weiß nicht mehr, wo ich selbst zu Mittag gegessen habe, ich dachte nur an ihn, an seinen zerstörerischen Charme.

Am Nachmittag nahm der Schriftsteller, ausgeruht, den Faden seiner poetischen und metaphysischen Rede wieder auf, über die Freiheit, den Tod, unseren Verstand, kurz, über unsere Grenzen ... Und genau das war das faszinierende Gefühl, das mir dieser fast völlig erschöpfte Mann gab: das Gefühl, als ob wir in einem sehr engen Gefängnis eingeschlossen wären, in unserem Körper, im Schicksal der Menschheit, und als ob unser ganzes Wesen nur nach einem streben würde: die absurden Fesseln zu sprengen, die uns gefangenhalten.
Und doch glaubte er weder an Gott noch an ein Weiterleben nach dem Tod.
Ich war erschüttert oder eher aufgewühlt. Wenn ich mit diesem kühnen Schriftsteller einige Tage lang sprechen hätte können, so schien es mir, dann hätten sich die Türen, gegen die ich immer wieder stieß, vielleicht am Ende aufgetan ... Gefährlicher Bataille!
Wir sprachen auch über die Liebe, diese ewige Sorge, und an dieser Stelle geschah ein wahres Unglück: Das Tonbandgerät funktionierte nicht, bei der Passage über die Liebe, wie ich nachher merkte. Was hatte er zu diesem Thema gesagt? Ich konnte mich nicht mehr bewusst daran erinnern, aber das »Band« war irgendwo in meinem

Gehirn gespeichert, und ich weiß, dass die verrückten, verzweifelten Worte Batailles dort in mir »arbeiten«, ohne dass ich es weiß ... Alles, was er sagte, war mir so nahe, doch gleichzeitig musste man es vergessen, wenn man leben wollte ...
Ich ging von ihm fort, wie man von einem lieben Menschen fortgeht, den man nicht wiederzusehen glaubt: Ich zwang mich, nicht zurückzublicken.
Das Interview war das einzige, das jemals in der Presse erschien. Niemand besuchte ihn vor seinem Tod. Der wenig Aufsehen erregte.

Sie beenden, glaube ich, ein Werk über die Erotik, das Die Tränen des Eros *heißt?*
Richtig. Ein Werk, das mir viel Mühe macht, weil ich schon ziemlich lange daran arbeite und ich unglücklicherweise nur sehr wenig arbeiten kann, mein Gesundheitszustand ist nicht sehr gut. Ich muss mich mit Umständen herumschlagen, die ich mir nicht ausgesucht habe ... Aber mit viel Geduld gelingt es mir schließlich doch.

Seit wann schreiben Sie an diesem Buch?
Oh! Seit mehr als einem Jahr. Aber es ist ein ganz schmales Buch! Und über einen Gegenstand, der nicht so viel neue Erkenntnisse erforderte. Obgleich ich mich offenbar bemüht habe, bei der

vorgeschichtlichen Erotik zu beginnen, die reichlich wenig erforscht ist.

Anhand welcher Zeugnisse arbeiten Sie?
Der der Höhlen. Ich habe ehedem ein Buch über die Höhle von Lascaux geschrieben. Und in der Höhle gibt es – im sogenannten »Brunnen«, in den Sie wahrscheinlich nicht hinabgestiegen sind, weil man gewöhnlich nicht in ihn hinabsteigt, man muss darum ersuchen und die Dinge mit dem Wärter arrangieren –, dort gibt es etwas recht Schönes, sogar sehr Schönes. Womöglich nicht das Schönste. Die Malereien von Lascaux sind insgesamt bemerkenswert, aber diese ist die eigenartigste: jedenfalls die einzige, in der ein Mann dargestellt wird, und dieser Mann befindet sich weiß Gott in einem Zustand, der nichts ... von der Erregung verbirgt, die er verspürt. Was ich sage, ist vielleicht insofern trügerisch, als die Tiere auf völlig realistische Weise dargestellt sind, während der einzige Mensch, der in der Höhle dargestellt wird, sehr schematisch, völlig schematisch ist, aber, wenn Sie so wollen, der einzige genau dargestellte Körperteil betrifft die Männlichkeit.

Ich wusste nicht, dass man unter den vorgeschichtlichen Malereien auf erotische stieß.

Man findet deren viele. Aber meistens sind sie, wie im Falle des Mannes von Lascaux (der wird oft so genannt), vereinfacht. Man könnte eher von Karikaturen sprechen als von Malereien.

In welchem Geist sind Ihrer Meinung nach diese Malereien angefertigt worden?

Das ist schwer zu sagen ... Da ist ein Mann mit einem Tier ... im Prinzip hat man den Eindruck, dass der Stier, nein: es ist ein Bison, dass das Tier im Begriff ist, den Mann zu töten. Aber so klar ist das nicht. Ein Stier, umso mehr ein Bison, ist ein ziemlich erschreckendes Tier. Was sie dort tun, entzieht sich unserer Kenntnis. Ich habe es interpretiert, so gut ich konnte. Was diesen Punkt angeht, so habe ich, glaube ich, die Erklärungen ziemlich weit getrieben, bin jedoch vorsichtiger geblieben als die meisten derjenigen, die darüber geredet und komplizierte Hypothesen vorgebracht haben, die dies oder jenes darin entdecken zu können glaubten ... Beispielsweise hat man in jener halb eingeschlafenen liegenden Person eine Person gesehen, die sich in Ekstase befindet. Aber das ist, glaube ich, keineswegs seriös. Dennoch sind diese Leute seriöser als ich, weil ich, wie Sie wissen, nicht als Gelehrter gelte ...

Was stellt die Erotik für Sie dar?
Sie ist eine innere Erfahrung. Ich versuche keineswegs, die Welt auf dem Umweg über die Erotik zu erklären, nein; aber dennoch glaube ich, dass die Erotik der Königsweg ist, in den Augenblick einzutreten, den Augenblick zu leben. Mit anderen Worten: ich glaube, dass der größte Teil der menschlichen Tätigkeit darin besteht, Dinge zu tun, die später nützlich sein werden, während die Erotik (ich spreche nicht vom Kinderzeugen, das, trotz allem, nicht wesentlich ist) zu nichts führt. Sie ist reine Verschwendung, Verausgabung von Energie um ihrer selbst willen, ein Fieber, bei dem es nur um das unmittelbare und nicht um das spätere Ergebnis geht, wie in dem Falle, wo ein Arbeiter arbeitet.

Die Erotik wäre also das absolute Gegenteil der Arbeit, beinahe ihre Kehrseite?
Ja, wenn zum Beispiel ein Arbeiter arbeitet, kümmert er sich nur um die Zukunft, während die Erotik nur an der Gegenwart interessiert ist. Deshalb kann man von einer ganz besonderen Erfahrung sprechen.

Eine glückliche oder unglückliche Erfahrung?
Offensichtlich ist die Lust die Anführerin, aber

schließlich endet das nicht immer in reiner Freude, oft ist es sehr bedrückend ... In den *Tränen des Eros* berücksichtige ich alles, was die Erotik an außerordentlich Traurigem, außerordentlich Schmerzlichem mit sich bringen kann.

Wie haben Sie mit dem Schreiben begonnen?
Ihnen das zu sagen, macht mir etwas zu schaffen ... Sei es darum, mein erstes Buch ist ein erotisches gewesen ...

Wie dachten Sie sich damals Ihre schriftstellerische Laufbahn?
Ich hatte keine besondere Vorstellung ... ich betrachtete mich eher als einen Philosophen. In erster Linie habe ich mich immer der Philosophie zugewendet. Aber ich habe sie so in Betracht gezogen, dass ich nicht behaupten kann, wirklich ein Philosoph zu sein; ich wäre beinahe einer geworden, einige meiner Bücher nähern sich der Philosophie, dringen in sie ein, aber ich bin mir bewusst geworden, dass es zwischen dem, was ich schreibe, und der wirklichen Philosophie einen Abstand gab.

Weshalb?
Weil ein Philosoph, der dieser Bezeichnung wür-

dig ist, sein Denken unbegrenzt verbinden können muss, ich aber bin unfähig, das meine lange Zeit hindurch zu verfolgen.

Weil Sie eine andere Methode haben, die nicht unbedingt schlechter ist ... Sie suchten etwas ...
Ich suchte die Angst, aber eher, um mich von ihr zu befreien; ich sah im Übermaß der Angst den einzigen Ausweg aus der Angst. Ja, seinerzeit habe ich es vielleicht nicht ausgesprochen, aber obwohl ich in ihr etwas schwelgte, floh ich vor dieser Angst.

Haben Sie nicht eine Psychoanalyse versucht?
Ja, ich habe eine Psychoanalyse gemacht, die vielleicht nicht sehr orthodox gewesen ist, denn sie dauerte nur ein Jahr. Das ist etwas kurz, aber schließlich hat das den völlig krankhaften Menschen, der ich war, in jemand relativ Lebensfähigen verwandelt.

Das hat Sie interessiert?
Das hat mich begeistert und dennoch befreit.

Befreiung, die Sie nicht durch das Schreiben Ihres Werkes erzielt hätten?
Ich glaube nicht. Aus einem leicht ausdrückba-

ren Grund: weil ich nämlich das erste Buch, das ich geschrieben habe, dasjenige, über das ich mit Ihnen sprach, nur nach psychoanalytischer Behandlung schreiben konnte, ja, indem ich mit ihr fertig wurde. Und ich glaube behaupten zu können, dass ich es nur auf diese Weise befreit schreiben konnte.

Man fragt sich oft, was ein Schriftsteller ist. Wie kann er zu seinen eigenen Quellen gelangen. Sie, der es Ihnen schwerfiel, sie zu erreichen, können Sie es nicht erklären?

Ich weiß nicht, ich hatte die allergrößte Mühe, zu schreiben. Mir scheint, das Ideale wäre, zu gestalten, ohne deswegen die Bewegung seines Denkens »schwerfällig zu machen«, und ich glaube, dass die meisten Leute, die gestalten, diese Bewegung schwerfällig machen. Das Ideale wäre, wie Platon zu schreiben. Es scheint mir so, dass er mit all seinen Kräften ein rationales Gebäude zu errichten versucht, und dennoch gibt es etwas, das darüber hinausgeht ...

Sie wissen nicht, was Sie schreiben werden, wenn Sie sich an die Arbeit machen?

Das kommt darauf an. Es gibt Bücher, die ich nicht schreiben kann, ohne in etwa zu wissen, was ich schreiben werde. Also, sehr oft, sogar wenn ich zu wissen glaube, wohin ich gehe, beginne ich und schreibe etwas anderes; es nimmt eine Gestalt an, die von dem, was ich vorgesehen hatte, sehr verschieden ist ... In gewisser Hinsicht gibt es etwas in mir, das krank geblieben ist, aber das auszunutzen ich manchmal geschickt genug bin. Dennoch stehe ich nicht auf Boileaus Seite; aber, wenn Sie so wollen, das »Oft ist eine schöne Unordnung ein Ergebnis der Kunst« lässt mich an meine Art des Gestaltens denken! Ich würde es tatsächlich nicht schaffen, die Ordnung aufrechtzuerhalten, und im Sinne Boileaus ist es ganz klar, dass die Ordnung über der Unordnung steht ..., manchmal jedoch vermag man die Reichtümer wiederzuentdecken, die die Unordnung birgt. Das ist nicht leicht, aber in diesen kleinen Problemen bin ich sehr bewandert geworden: die Unordnung, die grundlegende, anfängliche. Unordnung in etwas verkehren, das die Merkmale der Kunst trägt, scheint mir ein sehr gutes Prinzip zu sein.

Haben Sie nicht sehr enge Beziehungen mit dem Surrealismus gehabt?
Mein Verhältnis zum Surrealismus war gewissermaßen absurd, aber wahrscheinlich nicht ab-

surder als mein ganzes Leben ... Wenn es André Breton und mir so ging, füreinander eine gewisse Feindseligkeit zu empfinden, so kann davon jedenfalls keine Rede mehr sein ... Mein Verhältnis zum Surrealismus könnte ich nicht besser zum Ausdruck bringen, als von einer Idee zu sprechen, die mir, gestern oder vorgestern, glaube ich, gekommen ist: ein Buch zu schreiben, auf dessen Umschlagseite *Der Surrealismus ist tot* stünde, und auf der Rückseite dieses Umschlags *Es lebe der Surrealismus ...*

Inwiefern scheint Ihnen der Surrealismus zur Zeit lebendig zu sein?

Nun, der Surrealismus scheint mir das Wesentliche zu berühren. Und ich kann es nicht besser ausdrücken, als indem ich versuche, die Idee darzustellen, die ich mir vom Surrealismus mache; sie ist nicht gerade klassisch, deckt sich aber, glaube ich, mit derjenigen, die André Breton zum Ausdruck gebracht hat: im Surrealismus gibt es etwas zutiefst Religiöses, sodass der Name des Heiligen Johannes vom Kreuz ihn meines Erachtens nicht entstellt. Eine meiner anfänglichen Schwierigkeiten mit dem Surrealismus bestand darin, dass ich dadaistischer war als die Surrealisten, oder wenigstens war ich es noch, während sie es nicht mehr waren. Meiner Ansicht nach steht es fest, dass man bis zum Äußersten gehen muss, auf das zugehen muss, was man vielleicht Mystik nennen könnte, und was ich mit dem Namen des Heiligen Johannes vom Kreuz zu umreißen versucht habe. Wenn ich sage: bis zum Äußersten, so meine ich damit: bis zu zwei Extremen: kann man sich etwas Gegensätzlicheres vorstellen als einen Herrn, der behauptet, Dadaist zu sein und zugleich von der Biographie des Heiligen Johannes vom Kreuz bewegt zu werden?

Inwiefern bewegt er Sie?
Das ist ein Rasender. Das ist der Aspekt, den er mit den Surrealisten teilt und der meines Erachtens das Wesentliche am Surrealismus ist: eine Art Wut. Als André Breton schrieb: »Lasst eure Frauen fahren, lasst Dada fahren«, meine ich, dass er von dieser Wut erfüllt war.

Wut auf was?
Wut auf die bestehende Lage der Dinge. Eine Wut auf das Leben, so wie es ist ...

Wie es uns von einer Gesellschaft auferlegt wird, oder auf das Leben schlechthin?

Es ist klar, dass man – gleich wie und in welcher Art von Gesellschaft auch immer – an der Grenze dieser Wut stets wiederbegegnen wird, denn ich glaube nicht, dass man eine solche Lage der Dinge erreichen kann, die es erlauben würde, mit dieser Wut fertig zu werden.

Sich in einem Körper zu befinden, ist eine seinem Wesen nach unerträgliche Situation?
Sich in einem Körper zu befinden, der von der Vernunft beherrscht wird, während die Vernunft nicht mit allen Trieben fertig werden kann, die im menschlichen Wesen vorhanden sind, löst eine Wut aus, die man als unauslöschlich betrachten kann. Etwas, das alle Möglichkeiten überleben wird. Im Übrigen habe ich mich vielleicht in diesem Punkt stets mehr oder weniger als Feind der Surrealisten empfunden, die eine Verbesserungsmöglichkeit mehr in Betracht zogen als ich.

Haben Sie deshalb vom Lachen gesprochen? Was verstehen Sie darunter?
Ja, meiner Ansicht nach ist das Lachen der Grund von allem. Unter einer Bedingung: dass es darum geht, über sich selbst zu lachen und in keinem Falle zu glauben, dass man sich des

Unerträglichen entledigt hat, indem man über einen anderen lacht. Über einen anderen lachen, weil man naiverweise etwas in ihm verurteilt, heißt nicht, das Problem erledigen. Man entledigt sich niemals einer Sache, und indem man über einen anderen lacht, hebt man in Wirklichkeit nicht die tiefe Komplizenschaft auf, die zwischen dem Lachenden und dem Gegenstand des Lachens besteht.

Aber welchen Zweck hat es, zu lachen?
Beim Lachen über sich selbst findet eine Entfaltung statt, deren Grundlage eigentlich der Zusammenbruch ist. Das ist etwas, das sich schwer ausdrücken lässt; verzeihen Sie bitte, dass ich einstweilen nicht versuche, die Schwierigkeiten zu meistern, und gewisse Dinge offen lasse ...

Wenn man Sie fragte, was Ihrer Meinung nach das Wichtigste ist, das Sie als Denker hervorgebracht haben, was würden Sie sagen?
Ich würde gerne sagen, dass ich darauf am stolzesten bin, Verwirrung gestiftet zu haben ... das heißt, die ausgelassenste und schockierendste, die skandalöseste Art zu lachen mit dem tiefsten religiösen Geist verbunden zu haben. Wohlgemerkt, man darf sich nicht einbilden, dass

man in dieser Hinsicht zu etwas Neuem gelangen kann; es steht fest, dass die Menschen die äußersten Punkte erreicht haben, ich denke an gewisse Yogis, an Ramakrischna.
In Wirklichkeit bin ich überzeugt, dass der Mensch in einer Art völligen Kluft lebt zwischen den Ideen, zu denen er sich bekennt und dem, was tatsächlich in ihm steckt.

In ihm steckt?
Ja, man müsste es schaffen, so wütend wie möglich zu werden und gleichzeitig eine Art Luzidität zu bewahren. Alles, was der Mensch behaupten kann, ist, sich zu sagen, zumindest in einem bestimmten Augenblick: na gut, ich habe nicht weiter gehen können, und ich bin nicht sicher, dass ein anderer weiter gehen wird. Habe ich mich klar ausgedrückt?

Ziemlich, aber Sie reden von Dingen, die im Allgemeinen nicht als menschliche Bedürfnisse betrachtet werden; in unseren Gesellschaften lässt man den Exzess, die Mystik beiseite, überlässt man das einigen Einzelnen ... Was zählt, ist der soziale und ökonomische Fortschritt.
Die Ekstase eines Menschen hat immer nur ihm selbst genützt, es sei denn, man beginnt, densel-

ben Abhang hinunterzurutschen. Das Gähnen ist ansteckend, die Ekstase ist es ebenfalls, auf die gleiche Art und Weise.

Ist das Buch, das man von Ihnen nachdruckt, Le Coupable, *nicht auf seine Weise ein Buch über die Ekstase?*
Es ist vielleicht das Buch, das mir am ähnlichsten ist, das mir eine Art ängstlicher Befriedigung verschafft hat. Vielleicht, weil ich es in einer ziemlich raschen und ziemlich stetigen Explosion, während der ersten Kriegsmonate im Jahre 1940, geschrieben habe.

Und das Buch im gleichen Band, das ihm folgt: L'Alleluia! *Es ist an eine Frau gerichtet?*
Es ist eine Art Brief, der an eine Person gerichtet ist, die ich kannte. Im Grunde ist es ein ganz klein wenig ein Plädoyer für das Leben. Ich habe es vor langer Zeit, im Jahre 1945 geschrieben, seitdem bin ich viel älter geworden, obwohl ich es nie widerrufen habe.

Warum hätten Sie es widerrufen?
Das Schonungslose darin hätte mich peinlich berühren können. Es ist ein Buch, das anders ist als die anderen, obwohl ich es diesem Komplex

einverleibt habe, dem ich den Titel *Somme athéologique* (Atheologische Summe) gab.

Warum »atheologisch«?
Jedermann weiß, was Gott für die Gesamtheit der Menschen, die an ihn glauben, darstellt, und welchen Platz er in ihrem Denken *einnimmt;* und ich glaube, wenn man die Person Gottes an diesem Platz beseitigt, dann bleibt trotzdem etwas, ein leerer Platz. Von diesem leeren Platz wollte ich sprechen.

Sie meinen, dass Gott fehlt?
Wenn Sie so wollen; die religiöse Erregung aller Zeiten führte immer zur Erschaffung beständiger, oder mehr oder weniger beständiger Wesen, während ich anstelle dieser beständigen Wesen die Vorstellung einer Unordnung einführen wollte, die Vorstellung von etwas, das fehlt, und nicht von etwas, das verehrt werden muss. Es scheint mir so, dass es wichtig ist wahrzunehmen, was in der Welt fehlt; ich weiß, dass man ganz einfach sagen kann, dass das nicht fehlt, da man ja darauf verzichten kann, aber das gilt nicht für alle: es gibt einige Menschen, für die die Erinnerung an das, was Gott dargestellt hat ... Ich muss achtgeben, ich glaube, dass ich jetzt Dummheiten

sagen kann, das heißt sehr bedrückende Dinge, aber letztlich habe ich den Eindruck, dass man erkennen kann, was Nietzsche mit der Formel vom Tode Gottes zum Ausdruck gebracht hat. Was er den Tod Gottes genannt hat, hinterließ für Nietzsche eine furchtbare Leere, beinahe etwas Schwindelerregendes und schwer zu Ertragendes. Im Grunde ist das ungefähr das, was zum ersten Mal geschieht, wenn man sich bewusst wird, was der Tod bedeutet, was er umfasst; alles, was man ist, enthüllt sich als zerbrechlich und vergänglich, und worauf wir sämtliche Berechnungen unserer Existenz stützen, ist dazu bestimmt, sich in einer Art unbeständigen Dunst aufzulösen ... Ist mein Satz abgeschlossen?

Ich denke.
Wenn er nicht abgeschlossen ist, würde das nicht schlecht zum Ausdruck bringen, was ich sagen wollte ...

Sie haben viel vom Tod gesprochen, Ihr ganzes Leben lang. Was genau bedeutet er für Sie?
Ich glaube, dass ... ich prahle vielleicht, aber der Tod scheint mir das Lächerlichste auf der Welt zu sein ... Nicht dass ich mich nicht vor ihm fürchte! Aber wovor man sich fürchtet, darüber kann

man lachen. Ich neige sogar zu dem Gedanken, dass Lachen, auf philosophischer oder paraphilosophischer Ebene, das Lachen über den Tod ist. Die menschliche Zweideutigkeit besteht darin, dass man über den Tod weint, dass man aber, wenn man lacht, nicht weiß, dass man über den Tod lacht. Denn im Grunde sollte man, da wir ja nun einmal sterben, über die Dinge, über die man lacht, eher weinen und umgekehrt ...

Ich verstehe, dass man über den Tod, das Nichts lachen kann, bevor man jedoch dahin kommt, gilt es zu sterben, und das kann schwierig sein ...
Ah! Es gibt das Leiden, und das ist eine andere Angelegenheit; ich stelle mir sehr gut vor, dass das Leiden mich heimsuchen kann, so wie jeden beliebigen anderen, aber letztlich scheint es mir so, dass sich die Menschen ziemlich leicht eine Vorstellung vom Tod machen könnten, die an das Groteske grenzt.

Wie im Altertum, zur Zeit der Totentänze?
In der Tat, indem sie den Tod komisch darstellten, versuchten die Menschen manchmal, seinen furchtbaren Seiten zu entrinnen. Aber es scheint mir so, dass es für mich zuerst darum ging, den Tod unter seinem furchtbarsten Aspekt zu ver-

schlingen, ohne mich genug beeindrucken zu lassen, um nicht über ihn zu lachen. Es geht da wohl um etwas eindeutig Atheistisches, denn in Gegenwart eines Gottes, der ein Richter ist, kann man über den Tod nicht lachen. Während man von dem Augenblick an, da man sich vergewisserte, dass es keinen Gott gab ...

Vergewisserte?
Ja, schon, wenn ich mich irre, so bin ich selbst daran schuld! In einem bestimmten Augenblick muss man, glaube ich, es schaffen, die tragischsten Fragen mit Hilfe der Leichtigkeit zu lösen; wenn etwas Respekt verdient, so ist es wohl die Leichtigkeit...

Wenn Sie im Grunde eine Moral haben, so ist es doch die, welche voraussetzt, dass man in der beschränkten Lage, in der man sich befindet, bis zum Rand seiner Möglichkeiten geht?
Ja, ich glaube schon ... Es ist insofern nicht ganz eine Moral, als niemand hierzu verpflichtet ist. Aber ich habe den Eindruck, wenn diese Möglichkeit des Exzesses verschwände, wäre der menschliche Bereich nicht mehr das, was er ist, etwas Wertvolles würde ausgelöscht ...

Und das Glück, wo ordnen Sie das Glück ein? Ziehen Sie es in Betracht?

Mir scheint, das Glück ist jene Art von Geheimnis, das möchte, dass man dem Unglück gegenüber gleichgültig ist, das heißt, dass man darüber lachen kann. Im Grunde liegt mir viel daran, als Materialist zu sprechen, ich fühle mich mit allem, was materialistisch ist, einverstanden – unter einer Bedingung: dass man sich, um Materialist zu sein, nicht verpflichtet glaubt, das abzuschaffen, was dennoch ein Reichtum ist: diese ekstatischen oder religiösen Empfindungen, die nicht völlig vom Wahnsinn verschieden sind, die jedenfalls niemals völlig von dem verschieden sind, was die Liebe ist ...

ANHANG

DIE ANGST IN DER HEUTIGEN ZEIT UND DIE AUFGABEN DES GEISTES

Die Angst und das moralische Leben

G.B.: Herr Calogero hat uns gestern dargelegt, dass wir alle die Feinde des Königreichs der Angst seien. Ich bin mir da nicht sicher, doch zunächst scheint es mir, als verstünde sich das von selbst. Aber lassen wir das.

Was ich dagegen hervorheben möchte, ist, dass Herr Calogero, nachdem er uns als Feinde dem Königreich der Angst entgegensetzt hat, hinzufügte: »Es ist uns ein Leichtes zu siegen.« Er hat zwar nicht von der Abschaffung dessen gesprochen, was uns Angst einjagt. Ich bin mir jedoch sicher, dass er mit allen Versuchen einverstanden ist, die zu diesem Zweck von verschiedenen Seiten unternommen werden. Doch ist das nicht die Frage. Indem er Sokrates zitierte, hat uns Herr Calogero gezeigt, dass unsere Auffassungen nicht begründet sind und dass wir schließlich dem, was uns erschreckt, und der Tod gilt im Allgemeinen als der schlimmste Schrecken, ins Angesicht sehen müssen, damit wir erkennen, dass es nichts ist. Das heißt selbstverständlich nicht, dass alle unsere Auffassungen nutzlos seien und ganz besonders jene nicht, die wir während dieses Symposions zusammengetragen haben.

[Bataille spielt daraufhin auf die aktuelle Angst vor einer Katastrophe für die ganze Menschheit an.]

Ich bin mir nicht sicher, ob Herr Calogero auch über den Gegenstand dieser Angst sagen würde, dass er nichts sei. Ich weiß, dass es sich einerseits um meinen Tod handelt und andererseits um den eines anderen, doch will ich nicht die Diskussion wieder aufgreifen, die wir bereits geführt haben und die ich für zweitrangig halte. Der Tod des anderen und mein eigener Tod sind sozial miteinander vermischt, und im angenommenen Fall sind sie es mehr denn je. Ich meine übrigens, dass die Idee, die allgemeine Katastrophe mit Ironie zu betrachten, und zwar mit der allergrößten Kaltblütigkeit der Ironie, uns helfen könnte, einen anderen Aspekt des Denkens von Herrn Calogero zu verstehen, einen Aspekt, der mich persönlich nicht schockiert, der aber ganz gewiss einige unter uns schockiert hat: Er spricht nämlich voller Ironie von den Beziehungen der Menschen zu Gott. Hätte Herr Calogero dieselbe Ironie, mir der er von Gott spricht, auch angesichts der

Katastrophe, die uns alle bedroht, an den Tag gelegt, wäre seine Haltung leichter zu verstehen und vielleicht auch von größerem Interesse.
Ich bin vielleicht nicht besonders dafür geeignet, hier zu sprechen. Im Prinzip bin ich Atheist; ich denke im Allgemeinen, dass ich ein Atheist bin. Mein Name wurde sogar – ohne meine Zustimmung – neben den der existentialistischen Atheisten gesetzt, von denen Herr Calogero gestern sprach. Ich bin mir nicht sicher, dass ich Existentialist, und noch weniger sicher, dass ich Atheist bin, oder doch nur insoweit als meine Redlichkeit in Bezug auf diesen Punkt wie auf alle wesentlichen Punkte – vielleicht nicht in Bezug auf das Problem der Moral, aber doch auf die wesentlichen Punkte der Metaphysik – von mir zu sagen verlangt, auf sokratische Weise, wenn man so will, dass ich nichts weiß. Aber wenn mich diese Haltung auch daran hindert, von Gott zu sprechen, so hindert sie mich nicht daran, vom Sakralen zu sprechen und Herrn Calogero eine präzise Frage zu stellen. Dabei scheint mir die Frage, ob der Gott, von dem er spricht, nun ein Gott des Zorns ist oder nicht, weniger interessant als die, ob er sakral ist. Ich frage ihn auch, ob Gott vom Mysterium getrennt werden kann, jenem Mysterium, das Herr Calogero so weit wie nur möglich reduzieren möchte.

Ich persönlich glaube, dass sich das Sakrale und das Mysterium gegenseitig einschließen. Ist der Teil des Sakralen nicht dem der Poesie benachbart? Ist er nicht gleichzeitig der Tragödie benachbart? Es gibt für die Gesamtheit der Menschen ein kostbares Königreich, an dem ihnen sehr liegt: es ist dies das Königreich der Poesie, des Sakralen, der Tragödie; und ich füge hinzu, dass es außerdem auch das Königreich der Angst ist, der Furcht, dessen Feinde wir laut Guido Calogero sind.
Ich komme nun zu der wesentlichen Frage, die ich stellen wollte: Glauben Sie, Herr Calogero, dass die Ironie in gewissen Fällen ihren Gegenstand überwinden kann? Überschreitet Ihre Ironie Gott? Überwindet Ihre Ironie – die sokratische – den Tod? Schließlich, auf die gegenwärtige Situation bezogen, geht die Ironie darüber hinaus?

Guido Calogero: Ich teile Georges Batailles konkreten Sinn für die Angst. Ich möchte keineswegs den Eindruck erwecken, als sei ich ruhig und gleichgültig. In meinem Exposé habe ich den Optimismus einiger Metaphysiker kritisiert, insbesondere den der mehr oder weniger Gläubigen unter ihnen, die das Denken der großen Mehrheit der Menschen beeinflussen. Ich würde nie sagen, dass der Tod nichts ist. Ich habe nur

gesagt, dass es eine Haltung gegenüber dem Tod gibt, die mutiger ist als die der Angst und dass die Unterscheidung zwischen meinem Tod und dem Tod der anderen sehr wichtig ist. Der feige Mensch ist vor allem mit seinem eigenen Tod beschäftigt, das heißt, der seriöse Tod ist immer der Tod der anderen. Der Tod, der Angst erregen muss, ist der Tod der anderen.
Ist Gott sakral? Was heißt sakral? Wenn sakral bedeutet, dass er eine gewisse Natur im Sinne von Rudolf Otto oder im Sinne einiger Theologen hat, würde ich sagen, er ist die Angelegenheit dieser Theologie. Wenn es aber bedeutet, dass viele Menschen ihren Gott als sakral verstehen, kann ich diesen Glauben nur akzeptieren. Wenn ich eine Kirche betrete, nehme ich meinen Hut ab. Wenn ich eine Moschee betrete, ziehe ich mir die Schuhe aus. Tue ich das aus Achtung vor der sakralen Natur Gottes? Aber wie könnte ich mir einbilden, dass Gott sich für meinen Hut, meine Schuhe interessiert? Wenn ich es trotzdem tue, dann vor allem aus Respekt vor den Menschen, vor gewissen Menschen, die auf solche rituellen Gesten Wert legen. Wenn Gott dann auch noch Wert darauf legt, umso besser. Doch verlangt der Respekt vor seinen Vorlieben nicht, dass er sakral sei. Das fügt dem wirklich Wichtigen nichts

hinzu, das heißt dem Respekt vor den anderen, der Gott einschließt.
Kann er vom Mysterium getrennt werden? Natürlich nicht. Das Mysterium ist an allerhand Dinge gebunden. Das ist es, was wir erst noch erkennen müssen, umso mehr als es sich um Gott handelt. Ist das Königreich der Tragödie, der Poesie an die Angst gebunden? Gewiss. Aber das ist etwas ganz anderes. Es ist die Angst des Verlangens, der Liebe, der unbefriedigten Leidenschaft oder der enttäuschten Leidenschaft. Das ist nicht die Angst, von der ich sprach. Die Angst ist die Situation, in der wir uns, mit einer Schwierigkeit konfrontiert, nicht mehr organisieren können: die Situation, in der wir einander fliehen, die Situation des völligen Zusammenbruchs, und dann auch die des Gebets. Ich mag den Rückgriff auf das Gebet im Augenblick des Zusammenbruchs nicht, wenn man so tief verzweifelt ist, dass man sich von Gott Hilfe verspricht. Nein, ich liebe Sokrates, der, nachdem er eine Nacht lang meditiert hat, aufrecht stehend die Sonne begrüßte. Was für ihn bedeutete, die Gottheit zu grüßen. Das ist menschlicher, würdiger und liebenswerter für die Gottheit selbst. Wenn ich Gott wäre – nun ist der Vergleich zwischen Gott und mir gesetzt –, zöge ich diese Art der Huldi-

gung den Hilfeschreien vor. Es scheint mir auch an das anzuschließen, was Herr Perocco über die Kunst im Allgemeinen gesagt hat.

G.B.: Ich stimme den Vorbehalten von Herrn Calogero im Großen und Ganzen zu, aber es gibt einen Punkt, auf den ich zurückkommen möchte. Es handelt sich darum zu wissen, ob der vernünftige Mensch in gewissen Momenten überschritten wird oder nicht, und ob er nicht von dem Augenblick an, da er über sich hinausgegangen ist, aufhört, schlicht und einfach nur vernünftig zu sein.

Guido Calogero: Man kann sich fragen, ob die Ironie den Tod überwindet. Ich würde sagen, wenn wir in der Angst nicht etwas sehen würden, das, durch ein metaphysisches Vokabular definiert, an sich existiert, sondern einfach nur die Haltung des Sokrates gegenüber dem Tod, wie im letzten Diskurs der *Apologie* dargelegt, nun ja, dann ginge das über den Tod hinaus. Das ist die einzige Form, ihn auf absolute Weise zu überschreiten. Sokrates sagt: – Ihr habt mich verurteilt, aber ihr wisst nicht, was wirklich geschieht; wenn der Tod ein Schlaf ist, wer von euch wünschte sich dann nicht einen guten, traumlosen Schlaf? Und wenn der Tod der Übergang in eine andere Welt ist, nun gut, dann werden wir sehen, was dort geschieht. Wir werden mit den Weisen dort unten diskutieren gerade so, wie wir es in diesem Leben gemacht haben. – Das heißt, den Tod wirklich überschreiten. Von diesem Gesichtspunkt aus sage ich noch einmal, dass mir die Weisheit des Sokrates, die auch diejenige der Epikuräer ist, eine viel solidere, edlere und menschlichere Weisheit zu sein scheint als die Weisheit derer, die vor dem Tod Angst haben. Jedenfalls haben die Männer, die in den Krieg ziehen, um für Andere Werte zu verteidigen, keine Angst vor dem Tod.

G.B.: Es gibt vielleicht einen Moment, in dem sich die Dinge so sehr verheddern, dass es schwierig wird, das Gespräch fortzusetzen.

Die intellektuellen und moralischen Folgen der Arbeitsbedingungen in der zeitgenössischen Gesellschaft

G.B.: Ich war glücklich und fast überrascht, als ich vorhin bemerkte, wie weit meine Übereinstimmung mit Herrn Friedmann reicht. Da

aber das, was ich sagen werde, die Grenzen dieser Übereinstimmung artikuliert, scheint es mir auch notwendig, diese Grenzen zu benennen.
Georges Friedmann hat – und ich gebe ihm da ganz und gar Recht – auf der Notwendigkeit insistiert, die Arbeit zumutbar zu machen, und auf die Mittel verwiesen, über die wir verfügen, um denen, die zur Arbeit gezwungen sind, die Möglichkeit zu geben, darin etwas anderes als nur einen Zwang zu sehen.
Ich stimme dem zu, und ich denke, dass das wesentlich ist – was ich hinzuzufügen habe, ist nicht das Wesentliche oder konnte zumindest erst im Anschluss an seine Thesen vorgetragen werden. Dennoch scheint mir, dass die Arbeit nicht nur die Möglichkeit einer Zustimmung, sondern immer auch eine *Zwangsläufigkeit der Revolte* einschließt. Der Arbeiter kann »Ja« zur Arbeit sagen, trotzdem wird es in seinem tiefsten Innern immer etwas geben, das am »Nein« festhält. Ich weiß, man kann sagen, dass das einfach nur ein Hindernis auf dem Wege zur Befriedigung sei, welche die Menschheit in der Organisation ihrer Aufgaben sucht.
Vielleicht ist es aber auch noch etwas mehr. Ich meine, dass die Revolte etwas besitzt, wovon sich die Menschheit nicht so leicht trennen kann; und

wenn ich Revolte sage, denke ich nicht unbedingt an jene revolutionäre Aktivität, welche die Bedingungen der gegebenen Ordnung einfach nur umkehren will, sodass in sehr kurzer Zeit gerade diejenigen, die den Arbeitszwang angeprangert haben, zu denjenigen werden, die am stärksten dazu neigen, das Einverständnis aller Menschen mit ihrer Arbeit zu erzwingen.

Die unmittelbare Aufgabe des Revolutionärs, der erfolgreich war, ist die, die Georges Friedmann hier sehr mutig übernommen hat, und insofern denke ich, dass sie nicht unbedingt anfechtbar ist. Es ist zweifellos bedauerlich, dass kein orthodoxer Marxist zugegen war, um Friedmann zu widersprechen, als er einige Ähnlichkeiten in der Arbeitswelt, unabhängig von der sozialen Organisationsform, aufzeigte. Ich denke aber, dass der marxistische Protest an dieser Stelle wenig Sinn gehabt hätte, denn es ist in jedem Fall klar, dass die Aufgabe, die Arbeitswelt als etwas anderes denn als einen Zwang erscheinen zu lassen, eingestandenermaßen das Prinzip der sowjetischen Welt ist – das wir ihr übrigens nicht absprechen können.

Wir sollten jedoch Folgendes beachten: angenommen, es entstünde – wovon wir gegenwärtig weit entfernt sind – eine Welt, in der die Arbeit überall zumutbar wäre, in der der Mensch die Arbeit vollkommen verinnerlicht hätte, bliebe dann keine Frage mehr zu stellen? Hätte dieser Motor, der das Prinzip der Revolte oder der Revolution ist, in Ländern, die eine andere Gesellschaftsform erreicht haben, keine Bedeutung mehr? Müssten sich nicht dieselben Energien unter irgendeiner anderen Form wiederfinden?

Ich sage es ganz unmissverständlich, dass in meinen Augen der vollkommene Mensch nur derjenige sein kann, der seine Arbeit verinnerlicht hat, ohne selbst zum Menschen der Arbeit zu werden: das ist nicht einfach der Revoltierte. Die Frage stellt sich aber doch, ob sich für den Menschen das Schicksal vollkommen mit dieser Verinnerlichung erfüllt.

Ich glaube nicht! Jenseits der Verinnerlichung der Arbeit gibt es einen ganzen Bereich, der schwierig zu bestimmen bleibt. Es ist beispielsweise ein Leichtes, von Poesie, von Kunst zu sprechen; es ist sogar sehr leicht, weil man gerade dadurch, dass man verführerische Worte verwendet, riskiert, den ganzen, durch diese Worte implizierten Teil der Angst vergessen zu machen. Würde man stattdessen jedoch angsterregende Worte verwenden, wie man es im Verlauf dieser Kolloquien versucht sein könnte, würde das die Dinge, wie ich meine, in nicht weniger gravierender Weise verzerren.

Mir scheint, dass die Definition der Arbeit zumindest erahnen lässt, worauf ich hinweisen möchte. Die Arbeit ist ein Projekt par excellence, das heißt, eine Tätigkeit, in der die gegenwärtige Haltung dem späteren Ergebnis untergeordnet ist; es gibt in der Arbeit insgesamt eine Unterordnung des Menschen unter das Resultat, das er erreichen will. Wir müssen uns aber über ihre Ausführung hinaus auch um die erfolgreiche Befriedigung unserer Bedürfnisse kümmern – und ich denke, dass das oft sehr zugespitzte Formen annimmt. Es gibt auch eine innere Notwendigkeit, jene nämlich, die man die Wiedergewinnung des gegenwärtigen Augenblicks nennen könnte. Ich habe mich vielleicht schon wieder undeutlich ausgedrückt; es ist nicht sehr klar; aber man könnte beispielsweise sagen, dass das gesamte Werk von Proust nur ein Versuch ist, den gegenwärtigen Augenblick zurückzugewinnen.

Sie haben soeben eine Terminologie verwandt, die mich sehr interessiert hat und die ich mir merken werde: Sie sprachen von der Notwendigkeit einer »Theologie der Mußestunden«. Auf dieser Grundlage können wir uns vielleicht verständigen. Die Theologie der Mußestunden, die Sie beschworen haben, müsste in eben dieser Rückeroberung des gegenwärtigen Augenblicks begründet werden.

Georges Friedmann: Sie haben mit großer Freimütigkeit gesprochen, und Sie haben mir die Grenzen unserer Übereinstimmung aufgezeigt. Erlauben Sie mir, Ihnen von der Ebene aus, auf der wir heute stehen, zu sagen, dass es in Ihnen, in Ihrem Bedürfnis, dem Arbeiter das zu erhalten, was Sie das Recht auf Revolte nennen, vielleicht etwas gibt, das Sie von den realen Bedingungen seiner Existenz entfernt. Wenn ich Sie eines Tages mitnehmen könnte, um einige Fabrikbesichtungen oder -praktika zu machen, und Sie dort bestimmte Dinge zu sehen bekämen, ich glaube nicht, dass Sie die Humanisierung der Arbeit, wie die Anpassung an die Arbeitsplätze und diese Möglichkeit für den Arbeiter, durch seine Arbeit nicht erniedrigt, verkleinert, zerfressen zu werden, sei es auch auf Kosten einer gewissen Revolte, ablehnen oder auch nur kritisieren würden. Ich frage mich, ob Sie bei Ihrer Rückkehr nicht selbst in Ihrem Innersten dächten, einer gewissen Romantik gefrönt zu haben. Davon abgesehen, hat mich Ihr Beitrag sehr berührt.

G.B.: Ich möchte dem ein Wort hinzufügen: Wenn ich Sie begleiten würde, wäre ich vollkommen mit Ihnen einverstanden, und Sie hätten keinen Augenblick lang meine »Romantik« bemerkt. Sie haben von der »Theologie der Muße« gesprochen, und ich glaube, es handelt sich da um etwas, das, zumindest in einem Sinn, sehr ernst und überhaupt nicht romantisch ist.

Georges Friedmann: »Romantik« hat in meinem Munde absolut nichts Verletzendes; ich habe den Begriff im Gegenteil in einem Geist des Einverständnisses gebraucht.

Standpunkte

G.B.: In all unseren Gesprächen erschien die Angst als ein Übel, von dem wir alle erlöst werden möchten. Auch ich empfinde die Angst meistens als ein Übel, von dem ich persönlich gerne genesen würde. Trotzdem möchte ich in dem Augenblick, in dem wir uns trennen müssen, für kurze Zeit eine andere Stimme zu Gehör bringen. Vielleicht als eine Herausforderung? Aber nein, ich glaube nicht, dass es von meiner Seite aus zur Provokation kommen wird. Ich möchte nur, voller Vertrauen sogar, einen Augenblick lang die Stimme desjenigen hören lassen, der sich in der Angst aalt. Ich werde sie die Stimme des Gottes der Angst nennen, des Gottes, der weder Vernunft noch Zorn ist, sondern Angst. Ich kann das übrigens nicht, ohne die sehr tiefe Ironie zu betonen, mit der ich das tue.

Ich muss noch einmal an das erinnern, was ich in diesen Tagen bereits zu sagen Gelegenheit hatte: ich bin Atheist, ich wiederhole es, und in gewisser Weise bin ich das sogar in leidenschaftlicher Weise. Ich bin es leidenschaftlich, wie Nietzsche es war. Ich gebe übrigens zu, dass ein leidenschaftlicher Atheist sein nicht auch schon heißt, es auf seriöse Weise zu sein. Jedenfalls bin ich ein Atheist, der von Gott spricht. Also bin ich nicht seriös.

Ohne Ihre Aufmerksamkeit über Gebühr strapazieren zu wollen, würde ich Ihnen gern diesen Mangel an Ernst vorstellen. Es gibt allerdings zwei Weisen, nicht ernst zu sein: die eine besteht darin, sich diesseits des Seriösen, die andere, sich jenseits seiner aufzuhalten. Ich denke, dass Gott jenseits des Ernstes ist, und darum muss ich denen gegenüber, die ernsthaft an ihn glauben, bekennen, dass ich Atheist bin, wenn auch ein Atheist, der vorgestern, innerlich bewegt,

François Mauriac reden hörte und sich seltsamerweise im Einverständnis mit ihm fühlte, weil seine Stimme die der Angst war und sogar die Stimme des Gottes der Angst, wie ich ihn verstehe; die Gegenwart seiner Stimme war die des Gottes der Angst.

François Mauriac hat es uns gesagt: er ist mit der Angst nicht einverstanden. Was ich jetzt vorbringe, ist dem, was er gesagt hat, allerdings entgegengesetzt. Denn er konnte es nicht verbergen, dass er von Angst erfüllt ist, wenigstens kann man sagen, dass seine Stimme aus dem Grund der Angst aufgestiegen ist. Genau dadurch unterscheidet sich die »Predigt«, die wir vorgestern gehört haben, von denjenigen, an denen Claudel erstaunte, dass sich durch sie das Christentum hat verbreiten können. Ich könnte selbstverständlich keinerlei Zustimmung zu den Termini seiner »Predigt« ausdrücken.

Was ich jetzt noch einmal beteuern will, ist im Wesentlichen, dass ich, zumindest in gewissen Augenblicken, in Angst schwelge und das sogar in diesem Moment. Ich will sagen, dass ich in sie eintauche, mich ihr hingebe, und dies aus demselben Grund, aus dem es mir möglich ist, mit einer alles erfassenden Ironie zu Ihnen sprechen. Es ist auch der Grund, der mich im tiefsten Innern meiner selbst lachen macht. Ich möchte hier nicht mein Herz ausschütten; die Unangemessenheit solcher Ergüsse haben wir erst vor Kurzem zu spüren bekommen, doch am Ende war es mir ein Bedürfnis, in Ihrer Mitte der Verurteilung der Angst und der Flucht vor ihr eine Haltung gegenüberzustellen, die darin besteht, für die Angst offen zu sein in derselben Weise, in der der Sterbende für den Tod offen ist.

Das Wort ist in diesen Tagen oft genug dem Gott der Vernunft und des Heils erteilt worden, sodass es mir schließlich ein Bedürfnis war, es auch einmal dem Gott der Angst und der Abwesenheit des Heils zu erteilen. Ich muss mich dafür entschuldigen, aber ich hielt das für etwas sehr Wesentliches. Ich glaube, dass wir, wenn wir der Bewegung, die uns dazu treibt, eine Welt ohne Angst zu wollen, bis zum Schluss folgen, nur eine irgendwie erkaltete, der menschlichen Wärme beraubte Welt hervorbringen können. Warum aus uns nicht lieber einen Geist machen, zugeschnitten auf die historische wahrhaft monströse Wirklichkeit, die wir leben und die ist, wie sie ist, weil die Menschen sie letzten Endes so gewollt haben.

Die Menschheit dürstet nach Angst, sie hat immer nach Angst gedürstet, und sie hat immer die ganze Angst gesucht, die zu ertragen sie in der Lage war – freilich nicht mehr –, aber alles das, was auszuhalten, ohne zusammenzubrechen, sie die Kraft hatte. Um es genau zu wissen, ein für alle Mal, genügt es, die Menschenmengen zu betrachten, die es in die Tragödie zieht. Sie folgen mit angehaltenem Atem den angsterregenden Abenteuern auf der Bühne. Wie aber können wir, wenn wir fliehen, wenn wir vor der Angst zurückschrecken und fortfahren, eine so hartnäckige und klare Leidenschaft zu ignorieren, eine Welt schaffen, die nicht in den Grenzen explodierte, in die sie die Gelehrten am liebsten einschließen würden?

Ich persönlich glaube, dass die uns auferlegte Aufgabe darin besteht, den Dingen ins Angesicht zu sehen, und deshalb habe ich hier auch einige paradoxe Worte ausgesprochen. Ich möchte jedoch nicht schließen, ohne meine Zustimmung zu dem Gefühl, das uns alle beseelt, auszudrücken, der Suche nach einer Welt, in der es eine gewisse Art von Angst nicht mehr gäbe.

ANMERKUNGEN

1 Vgl. *Fünf Minuten mit Georges Bataille.*

2 Vgl. »Leo Schestow, Tolstoi und Nietzsche. Die Idee des Guten in ihren Lehren«, dt. v. Nadja Strasser, München 1994.

3 Georges Bataille, »Œuvres Complètes«, t. VIII, Paris 1976, S. 563.

4 Georges Bataille, O. C., t VII, Paris 1976, S. 459-462.

5 Vielleicht wollte er mit dieser Hommage an Lew Schestow gutmachen, dass er ihn zehn Jahre zuvor in »Sur Nietzsche« in einer Randbemerkung der Humorlosigkeit geziehen hatte. Es sind nur wenige Worte, die er dort über ihn sagt, die zudem in enger Beziehung zu seiner Londoner Begegnung mit Bergson stehen, dessen Buch »Das Lachen« Bataille zutiefst enttäuscht hatte. Eben deshalb konnte er die Bemerkung zu Schestow nicht als einzige stehen lassen.

6 Diese Nähe zeigt sich insbesondere in den Texten seiner späten, im Zeichen der Atheologie stehenden Philosophie.

7 Pierre Klossowski, *De »Contre-Attaque« à l'»Acéphale«*, in: »Change« 7, Paris 1970, S. 104.

8 Vgl. *Wer sind Sie,* Georges Bataille?

9 Die Kurzatmigkeit war übrigens durch seine Lun-

genkrankheit bedingt. Bataille war Zeit seines Lebens Nichtraucher.

10 Vgl. *Die Kunst und ihre Beziehung zur Angst.*

11 Georges Bataille, O. C., t. VI, Paris 1973, S. 358.

12 Vgl. *Wer sind Sie,* Georges Bataille?

13 Das hat er übrigens mit Adorno gemein.

14 Batailles Antworten auf den Persönlichkeitstest wurden während des Gesprächs im Off ausgewertet, und das Ergebnis wurde noch während der Sendung vorgestellt.

15 Georges Bataille, O. C., t. VII, S. 462.

16 Es waren dies in der Reihenfolge ihres Auftretens: Raymond de Saussure, Paul Ricœur, Robert Schumann, Mircea Eliade, Guido Calogero und François Mauriac.

17 Vgl. *Standpunkte.*

18 Ebd.

19 Es ist übrigens in vier verschiedenen Fassungen erschienen und wurde von der Fragestellerin als das erste und einzige Interview mit Bataille ausgegeben.

20 Diese Zeitschrift, die Patrick Waldberg leiten sollte und für die bereits eine Reihe hochkarätiger Persönlichkeiten als Mitarbeiter gewonnen worden waren, hat nie das Licht der Öffentlichkeit erblickt, weil der Verleger ihr, zweifellos aus kommerziellen Erwägungen, einen vulgär pornografischen Anstrich geben wollte, was die Herausgeber ablehnten.

21 Sie selbst hat sich später daran erinnert, dass das, was Bataille darüber gesagt habe, ziemlich wirr und verzweifelt geklungen habe.

22 Vgl. *Gespräch mit Marguérite Duras*.

23 Georges Bataille, O. C., t. XII, Paris 1988, S. 492.

24 Friedrich Nietzsche, »KSA«, Bd. 4, S. 209f.

25 Vgl. *Die Angst und das moralische Leben*.

26 Leo Schestow, »Tolstoi und Nietzsche. Die Idee des Guten in ihren Lehren«, dt. v. Nadja Strasser, München 1994, S. 98.

27 Kurzportrait von Cathérine Gris, mit dem die Sendung eröffnet wurde.

28 Es schließt sich eine lebhafte Diskussion über die Trompete an, die von der Jazztrompete bis zu den Posaunen des Jüngsten Gerichts führt, an der Bataille nicht teilnimmt.

29 Die Diskussion fokussiert sich immer mehr auf die Tragödie, sie dreht sich vor allem um Racine, um »Phädra«, zu der verschiedene Ansichten geäußert werden. Bataille wird als letzter dazu befragt.

30 De facto ist die Neuauflage von »Le Coupable« jedoch erst 1961 erschienen.

31 Friedrich Nietzsche, »Also sprach Zarathustra«, »KSA«, Bd. 4, S. 58f.

32 Ebd., S. 209.

NACHWEISE

Fünf Minuten mit ...: »Cinq Minutes avec ... *Georges Bataille*«, Gespräch mit Dominique Arban, erschienen am 17. Juli 1948 im »Figaro littéraire«. Vorangestellt war folgende redaktionelle Bemerkung: »Eine Jury aus Journalisten sollte die beste Zeitschrift des Jahres benennen; ihre Wahl fiel auf die Zeitschrift ›Critique‹, herausgegeben von Georges Bataille.«

Die Literaturkritiker: »Les Critiques littéraires«, ausgestrahlt am 20. Oktober 1948 in der Sendereihe »La Tribune de Paris«, dem gesprochenen Journal des französischen Rundfunks. An dem Gespräch nahmen außer Bataille André Mauriac von der Académie française, Maurice Nadeau von der Zeitschrift »Combat« und Armand Hoog von der Zeitschrift »Carrefour« teil. Die Fragen stellte Émile Dana. Im Folgenden werden nur Batailles Antworten übersetzt.

Wer sind Sie, ...: »Qui êtes vous ... *Georges Bataille?*«, ausgestrahlt am 20. März 1951 von France Culture. Das Gespräch, das André Gillois moderierte, wird, abgesehen von geringfügigen Kürzungen, die sich auf solche Momente beziehen, in denen mehrere Personen gleichzeitig sprechen, integral wiedergegeben. Da sich die Stimmen nur selten eindeutig zuordnen ließen, werden nur die Fragen wiedergegeben, nicht die Personen genannt, die sie stellten.

Die Kunst in ...: »L'Art dans ses rapports avec l'angoisse«, Gespräch am Rande der »VIIIes Rencontre Internationales de Genève«, geführt von Jean Amrouche, mit Georges Bataille, Jean Lescure, Georges Poulet und Claude Roy. Das Gespräch wurde am 17. September 1953 in Genf aufgezeichnet und eine Woche später von France Culture im Rahmen der Sendereihe von J. Amrouche »Ideen und Menschen« ausgestrahlt. Wiederum werden im Wesentlichen nur Batailles Äußerungen wiedergegeben, allerdings durch einige Fragen oder Bemerkungen verbunden, die nicht immer zuzuordnen waren. In einigen spiegelt sich vor allem die Perplexität seiner Gesprächspartner.

Die innere Erfahrung: Am 10. Juli 1954 war Bataille zu Gast in der Sendung »La Vie des lettres« von Pierre Barbier, die eine Woche später vom französischen Rundfunk ausgestrahlt wurde. Anlass dieser Einladung war die soeben erschienene Neuauflage von »Die innere Erfahrung«.

Lascaux: Am 12. Juli 1955 tritt Bataille noch einmal in der Sendereihe »La Vie des lettres« von Pierre Barbier auf, aus Anlass seines soeben bei Skira erschienenen Buches »Lascaux oder die Geburt der Kunst«.

Gespräch mit Marguerite Duras: Deutsche Erstveröffentlichung in: Bernd Mattheus, »Georges Bataille. Eine Thanatographie«, Bd. 3, Matthes & Seitz, München 1995.

Die Literatur ...: Am 21. Mai 1958 unterhielt sich Bataille in der Sendereihe »Lecture pour tous« mit Pierre Dumayet über sein Buch »Die Literatur und das Böse«. Es handelt sich um das erste und einzige Fernsehinterview, das er je gegeben hat, und wird im Folgenden vollständig abgedruckt. Auch diesmal ist Bataille nicht der einzige Gast; vor und nach ihm wurden im Laufe dieser Sendung Joël Brand, Lucien Barnier und Jacques Peuchmaurd interviewt.

Friedrich Nietzsche: »Fréderic Nietzsche«, Gespräch unter Leitung von Georges Charbonnier, u.a. mit André Masson, Marthe Robert und Jean Wahl, ausgestrahlt am 14. Januar 1959 von France Culture. Im Folgenden wird nur Batailles Beitrag zu diesem insgesamt neunzigminütigen Gespräch mit ungefähr zehn Teilnehmern abgedruckt. Den Anfang machte eine lange, von ihm selbst gelesene Passage aus dem Kapitel »Vom Krieg und Kriegsvolke« aus »Also sprach Zarathustra«.

Gespräch mit Madeleine Chapsal: Deutsche Erstveröffentlichung in: Madeleine Chapsal, »Französische

Schriftsteller intim«, aus dem Französischen von Sabine Gruber, Matthes & Seitz, München 1989.

Die Angst in der heutigen Zeit ...: Batailles Beiträge zu den von der UNESCO mitgetragenen »VIIIes Rencontres Internationales de Genève«, die vom 2.-12. September 1953 stattfanden, wurden zuerst zusammen mit den Vorträgen und Gesprächen des Symposions, »L'Angoisse du temps présent et les devoirs de l'esprit« in den Éditions de la Baconnière, Neuchâtel 1953 veröffentlicht und später in Band VIII der Œuvres complètes, S. 234-242, aufgenommen.
Die Angst und das ...: So der Titel des »Dritten privaten Gesprächs« vom 9. September 1953 über den gleichnamigen Vortrag von Guido Calogero, von dem an Bataille zugegen war.
Die intellektuellen ...: Es handelt sich hier um das »Vierte öffentliche Gespräch« unter der Leitung von Georges Friedmann, der zu Beginn der Veranstaltung seine eigenen Thesen zu diesem Thema vorgetragen hatte.
Standpunkte: Dieses »Fünfte öffentliche Gespräch«, das zugleich die Abschlussveranstaltung des Symposions war, fand am 12. September 1953 unter der Leitung von Antony Babel statt.

Die in dieser Ausgabe veröffentlichten Rundfunkgespräche mit Georges Bataille wurden dem von Michel Surya herausgegebenen, bei Farrago 2000 erschienenen Band »Georges Bataille, Une liberté souveraine. Textes et entretiens« entnommen und geringfügig nach Tonaufnahmen ergänzt. Alle Übersetzunge mit Ausnahme der Gespräche mit Madeleine Chapsal (Sabine Gruber) und Marguerite Duras (o.A.): Rita Bischof.

Erste Auflage Berlin 2012

Göhrener Str. 7 | 10437 Berlin
info@matthes-seitz-berlin.de

Druck und Bindung: ART DRUK, Szczecin
Umschlaggestaltung nach einer Idee von Pierre Faucheux

www.matthes-seitz-berlin.de

ISBN 978-3-88221-597-7

FRÖHLICHE WISSENSCHAFT BEI MATTHES & SEITZ BERLIN

Georges Bataille
Henker und Opfer
Mit einem Vorwort von André Masson
Aus dem Französischen von Gerd Bergfleth u.a.
96 Seiten, ISBN 978-3-88221-726-1

László F. Földényi
Dostojewski liest Hegel in Sibirien und bricht in Tränen aus
Aus dem Ungarischen von Hans Skirecki
64 Seiten, ISBN 978-3-88221-716-2

Hans-Martin Schönherr-Mann
Der Übermensch als Lebenskünstlerin
Nietzsche, Foucault und die Ethik
168 Seiten, ISBN 978-3-88221-667-7

Julien Torma
Euphorismen
Herausgegeben von Jean Montmort
Aus dem Französischen und mit Anmerkungen versehen von Klaus Völker
144 Seiten, ISBN 978-3-88221-669-1

FRÖHLICHE WISSENSCHAFT BEI MATTHES & SEITZ BERLIN

René Girard

Gewalt und Religion

Gespräche mit Wolfgang Palaver

Aus dem Englischen von H. Lipecky und A. L. Hofbauer

128 Seiten, Klappenbroschur

ISBN 978-3-88221-632-5

Peter Trawny

Adyton

Heideggers esoterische Philosophie

120 Seiten, Klappenbroschur

ISBN 978-3-88221-662-2

Eric Voegelin

Realitätsfinsternis

Aus dem Englischen von Dora Fischer-Barnicol

Mit einem Vorwort von Peter J. Opitz

160 Seiten, ISBN 978-3-88221-696-7

Eric Voegelin

Das Jüngste Gericht Friedrich Nietzsche

Aus dem Englischen von Heide Lipecky

Herausgegeben und kommentiert von Peter J. Opitz

192 Seiten, ISBN 978-3-88221-887-9